Hermann Broch

Dargestellt von Manfred Durzak

Rowohlt Taschenbuch Verlag

Umschlagvorderseite: Hermann Broch, Ende der dreißiger Jahre (Foto: Daniel Brody)
Umschlagrückseite: Hermann Broch, um 1934
Einladung zu einem Vortragsabend, April 1934

Seite 3: Broch korrigiert «Eine vorüberziehende Wolke», Juni 1933 (Foto: Trude Geiringer)
Seite 7: Selbstkarikatur Brochs, um 1917

Überarbeitete Neuausgabe Mai 2001

Veröffentlicht im Rowohlt Taschenbuch Verlag GmbH, Reinbek bei Hamburg, Juli 1966

Umschlaggestaltung Ivar Bläsi
Redaktionsassistenz Katrin Finkemeier
Reihentypografie Daniel Sauthoff
Layout Gabriele Boekholt
Satz PE Proforma *und* Foundry Sans *PostScript, QuarkXPress 4.1*
Gesamtherstellung Clausen & Bosse, Leck
Printed in Germany
ISBN 3 499 50537 1

Die Schreibweise entspricht den Regeln der neuen Rechtschreibung.

INHALT

Die Wirkungslosigkeit eines Klassikers?

Als 1986, im Jahre der Wiederkehr des 100. Geburtstags von Hermann Broch, die akademische Broch-Rezeption nochmals in Fahrt kam und einige Symposien über den Autor veranstaltet wurden, brachte der «Spie gel» einen Gedenkartikel, der mit der Feststellung einsetzt: «Er ist, ohne Zweifel, der klassischste aller Klassiker der Moderne: Hermann Broch, vielzitiert, kaum gelesen. Von den großen Gestalten der Literaturgeschichte dieses Jahrhunderts, wie Kafka und Proust, wie Joyce und Musil und [...] Thomas Mann, ist er, bis heute, der unbekannteste geblieben.»[1] Das ist sicherlich nicht nur ein stereotypes Versatzstück einer Broch nur als großen Namen registrierenden Kulturjournalistik und von daher zu korrigieren, sondern so etwas wie die Leitmelodie, die die Wirkungsgeschichte dieses Autors im Hintergrund immerzu begleitet hat. Broch stand mit seinen epischen Hauptbüchern, den *Schlafwandlern* und dem *Tod des Vergil*, immerzu auf dem Sprung, in den literarischen Kanon der großen, verehrungswürdigen Texte der deutschsprachigen Literatur in der ersten Hälfte des 20. Jahrhunderts aufgenommen zu werden, aber hat das Ziel dann doch immer wieder knapp verfehlt. Die Gründe dafür sind keineswegs einfach zu benennen. Ich kann das am besten an meiner eigenen Beschäftigung mit Broch verdeutlichen, die in die Mitte der 1960er Jahre zurückreicht, als ich, frisch promoviert in Berlin, mit einem großzügigen Forschungsstipendium in der luxuriösen Beinecke Rare Book Library der Yale University zu arbeiten begann, anfänglich eher interessiert am Nachlass des Verlegers

Kurt Wolff als den Beständen des Broch-Archivs, die nach seinem Tod 1951 in den Besitz dieser Manuskriptbibliothek übergegangen waren. Erst der Komparatist René Wellek, der in Yale lehrte, und sein gleichfalls dort lehrender Schüler Peter Demetz machten mich auf die Broch-Bestände aufmerksam. Ich war meines Wissens einer der Ersten, der sich überhaupt für diesen Bestand zu interessieren begann, der in einer Ecke des Archivs unbeachtet verstaubte und damals noch nicht einmal bibliographisch erfasst war. Für einen jungen, an Literatur interessierten Menschen von Mitte zwanzig war das geradezu eine Fundgrube, in der ich von Tag zu Tag mit wachsendem Enthusiasmus immer neue Entdeckungen machte. Die Faszination, die von Broch ausging, hatte sicherlich auch mit dem damaligen wissenschaftsgeschichtlichen Kontext zu tun. Bis zum Einsetzen der Studentenbewegung in der zweiten Hälfte der sechziger Jahre dominierte in der literaturwissenschaftlichen Forschung die so genannte werkimmanente Interpretation, die mit großen Namen wie Wolfgang Kayser, Emil Staiger oder Benno von Wiese die literarischen Texte aus jeder Verklammerung mit aktuellen Zeitbezügen herausnahm – wie sich erst später zum Teil herausstellte eine Reaktion auf die eigene problematische Verwicklung in die Zeitgeschichte des Dritten Reichs. Bei Broch dagegen lag ein literarisches Werk vor, das in seiner Verschmelzung von theoretischen Vorgaben und literarischer Umsetzung, die wiederum in ein dichtes Netz von Kommentaren und Selbstauslegungen eingesponnen waren, von vornherein eine rein literarische Lesart außer Kraft setzte, ein literarisches Werk, das zudem in Konkurrenz zu einem wissenschaftlichen Werk entstanden war, in dem philosophische Analyse, massenpsychologische Untersuchung und politischer Traktat zeitweise die Priorität gegenüber der poetischen Arbeit beanspruchten. Gleichzeitig war dieser Autor in seiner lebensgeschichtlichen Erfahrung, die ihn aus Österreich vertrieben und als Exilanten nach Amerika geführt hatte, Beispiel für eine Literatur, die sich den politischen Forderungen des Tages, der Opposition gegen den Nationalsozialismus, gestellt und die eigene literarische Arbeit angesichts der politischen Zeitläufte umfassend problematisiert und in Zweifel gezogen hatte. Die Beschäftigung mit Broch bedeutete also auch die Ausweitung eines eng begrenzten akademischen Literaturbegriffs. Ich gestehe gern ein, dass der damalige Enthusiasmus den Blick für Brüchigkeiten in der philosophischen Diskussion Brochs verdeckte, für das, was der Philosoph Günther Anders den «un-erträglichen philosophischen Analphabetismus»[2] in den theoretischen Schriften Brochs genannt hat. Brochs Freund, Elias Canetti, hat das, eine Generation jünger, mit freundlicheren Worten, aber in der Sache ähnlich formuliert: Broch «scheute im Gegensatz zu mir vor der Welt der Begriffe nicht zurück, er gab sich ihnen hin wie andere dem Besuch von Nachtlokalen»[3].

Die Vorzeichen der Wiederentdeckung Brochs schienen damals vergleichsweise günstig. Broch stand in der frühen Nachkriegszeit eine charismatische Verlegerpersönlichkeit zur Seite, die unter erheblichem finanziellen Einsatz eine imponierende, wenn auch keineswegs vollständige Gesamtausgabe im Rhein-Verlag vorgelegt hatte, die unter der Patenschaft namhafter, ja berühmter Herausgeber wie Hannah Arendt, Erich von Kahler, Hermann J. Weigand, Robert Pick und anderer dieser Ausgabe große öffentliche Aufmerksamkeit sicherte. Wie groß der Anteil des Verlegers Daniel Brody an der Entstehung und möglichen Durchsetzung des literarischen und theoretischen Werks Hermann Brochs war, verdeutlicht die umfangreiche Korrespondenz zwischen beiden, die 1971 erschien. Dass es in jenen Jahren zu einer akademischen Rezeption Brochs kam, zahlreiche Dissertationen über sein Werk entstanden und sich der Eindruck verfestigte, hier werde einer der Hauptvertreter der literarischen Avantgarde in der ersten Hälfte des 20. Jahrhunderts mit seinem Werk als literarisches Erbe eingebracht, hat sicherlich maßgeblich mit dem verlegerischen Engagement des Rhein-Verlags zu tun. Als der Rhein-Verlag Anfang der siebziger Jahre als Zugabe zu den literarischen Rechten am Werk von James Joyce auch die Rechte am Werk Hermann Brochs an den Suhrkamp Verlag veräußerte, schienen sich die positiven Voraussetzungen für eine literarische Eingemeindung Brochs eher noch zu verbessern. Als ich zu jener Zeit mit dem Verleger des Suhrkamp Verlags in Kiel zusammentraf und sich eine Korrespondenz über die Edition einer neuen Gesamtausgabe Brochs entwickelte, wurde dieser Eindruck erheblich korrigiert. Das finanzielle Engagement des Verlags war eher zögerlich, das Projekt einer Taschenbuchausgabe zeichnete sich ab, keineswegs auf Vollständigkeit der Texte angelegt, sondern als Leseausgabe, die primär der Verbreitung des Autors dienen sollte. Ich habe damals den Stafettenstab an einen meiner amerikanischen Doktoranden, der mit einer Arbeit über Broch bei mir promoviert hatte[4], weitergegeben. Er hat sich mit der Selbstmotivation und dem autodidaktischen Furor, die für jemanden kennzeichnend sind, der auf Umwegen über den zweiten Bildungsweg zur Wissenschaft gekommen ist, diesem Projekt dann gewidmet und es zwischen 1974 und 1981 verwirklicht. Freilich entstand auch jetzt keine wirkliche Gesamtausgabe, was sich besonders schmerzlich bei der Edition des umfangreichen Briefwerks von Broch bemerkbar macht. Diese kommentierte Taschenbuchausgabe ist inzwischen bereits wieder großenteils vergriffen, ist nicht wieder aufgelegt worden, was sich ja auch als Votum des Verlags deuten lässt, dass die feste Verankerung von Brochs literarischem Werk bei einer breiten Leserschaft nicht gelungen ist.

Die Frage nach den Gründen dafür ist geblieben. Ist es nur die immanente Schwierigkeit von Brochs literarischem Œuvre, die einen zur Bildungsanstrengung bereiten Leser voraussetzt und von daher stets nur die Sympathie eines elitären, zahlenmäßig kleinen Publikums finden wird? Es gibt Gegenbeispiele dafür, gerade auch bei zwei Autoren, die lebensgeschichtlich mit Broch verbunden sind: Robert Musil und Elias Canetti. Canetti ist unter noch schwierigeren Umständen, als sie bei Broch vorliegen, vom Hanser Verlag durchgesetzt worden und hat mit seinem Roman «Die Blendung» und seinem dreibändigen Lebensroman eine breite Leserschaft gewonnen. Über das zu Lebzeiten Musils notorisch erfolglose Hauptwerk «Der Mann ohne Eigenschaften» hat vor einigen Jahren einer seiner Verleger berichtet[5], dass der jährliche Absatz des Buches inzwischen so respektabel sei, dass Musil heute komfortabel davon leben könnte.

Als Canetti 1981 den Nobelpreis erhielt, hat er sich vor jenen vier Autoren verneigt, in deren Namen er gleichsam den Nobel-

Elias Canetti während der Nobelpreisverleihung in Stockholm am 10. 12. 1981

preis stellvertretend empfangen habe: Karl Kraus, Franz Kafka, Robert Musil und Hermann Broch. Aber er hat seine persönliche Verpflichtung diesen Autoren gegenüber zugleich bedeutsam nuanciert. Das gilt vor allem für die beiden an dritter und vierter Stelle genannten Autoren, Musil und Broch: «Robert Musil und Hermann Broch habe ich in meiner Wiener Zeit gekannt. Robert Musils Werk fasziniert mich bis zum heutigen Tag. [...] Mit Hermann Broch war ich befreundet. Ich glaube nicht, daß sein Werk mich beeinflußt hat [...].»[6] Die Abstufung ist deutlich erkennbar. Die Nähe zu Broch gibt sich als Nähe zur Person dieses Autors zu erkennen und nicht als Nähe zu seinem Werk. Die Konzeption des polyhistorischen Romans, wie Broch sie in seiner *Schlafwandler*-Trilogie umzusetzen versuchte, blieb Canetti denkbar fremd. Brochs *Tod des Vergil* war ihm, wie Gesprächsäußerungen dokumentieren[7], ein von Bildungsanstrengungen gezeichnetes, sich dem Leser verweigerndes esoterisches Werk. Hier wird zugleich ein Aspekt der Wirkung berührt, der die ausgebliebene Breitenwirkung beim Lesepublikum kompensieren könnte und vielleicht sogar den wichtigsten Aspekt von Wirkung überhaupt bezeichnet, die ein Autor haben kann: nämlich «a writers' writer» zu sein. Das bedeutet ja, dass ein Autor mit seinem literarischen Werk Schneisen für andere Autoren schlägt, dass er literarischen Konzeptionen und Darstellungstechniken zum Durchbruch verhilft, die produktionsästhetisch Neuland bedeuten.

Die Konzeption des polyhistorischen Romans bei Broch hätte genau diese Wirkung haben können. James Joyce ist vor allem mit seiner Technik des «stream of consciousness» im «Ulysses» ein solches Beispiel im Englischen gelungen, Alfred Döblin ist mit der Montage-Struktur von «Berlin Alexanderplatz» beispielhaft für die deutsche Literatur. Die produktiven Anknüpfungen an das literarische Werk Brochs fehlen aber in der deutschen Literatur, die seitdem entstanden ist. Der polyhistorische Roman hat in der literarischen Praxis keine Nachfolge gefunden. Unter den namhaften Autoren der Gegenwart hat sich Milan Kundera wiederholt mit Broch beschäftigt und bekannt, von diesem Autor fasziniert zu sein. Aber er weist zugleich unmissverständlich darauf hin: «Broch hat mich nicht durch das, was ihm gelungen ist, sondern [...] durch das, was er anvisiert hat, ohne es zu erreichen, inspiriert.»[8] Es ist ein intentionales Moment, das ihn als Schreibenden mit Broch verbindet: «In diesem Sinne verstehe und teile ich die Hartnäckigkeit, mit der Hermann Broch wiederholte: Die einzige Existenzberechtigung eines Romans besteht darin, daß er einen unbekannten Aspekt des Lebens entdeckt. Und nicht nur das allein, sondern einen Aspekt, den überhaupt *nur* der Roman entdecken kann. Ein Roman, der nicht einen bislang unbekannten Bereich der Existenz entdeckt, ist unmoralisch. Erkenntnis ist die einzige Moral des Romans.»[9] Bei jüngeren Autoren der zeitgenössischen deutschsprachigen Literatur findet sich nicht einmal dieser Anknüpfungspunkt. Die österreichische Autorin Barbara Frischmuth distanziert sich von dem «Abstraktionismus» des Broch'schen Altersstils und äußert sich über die von Broch mythisch konzipierte weibliche Protagonistin Mutter Gisson in seinem Nachlassroman *Die Verzauberung*: «Sie ist eine Redefigur, die, auch wenn sie sich bemüht, eine alpenländische Demeter zu sein, ihren Autor denunziert durch die

Figur des an sie geketteten Sohnes […].»[10] Der Schweizer Autor Silvio Blatter, der seine einstige Lese-Faszination durch Broch beim Wiederlesen rekapitulieren möchte, bringt seine negative Erfahrung so auf den Punkt: «Broch hat als Erzähler Genie, intuitive Kraft. Nur verdirbt er sich manche Szenen mit dem analytischen Verstand. […] In […] schiefen Bildern rächt sich der verratene Erzähler am penetranten Philosophen. […] Zwingt Broch seine Romanpersonen zur ‹Philosophie› – dann gute Nacht.»[11] Die Gesinnung zur Erkenntnis und Brochs Versuche, das poetische Zeichensystem der Literatur durch theoretische Einschübe aufzusprengen und dadurch eine neue Darstellungsintensität zu erreichen (was für Milan Kundera das Exemplarische an Broch ist), wird von Blatter deutlich negativ akzentuiert. Hannah Arendts früh geprägtes Wort über Broch als «Dichter wider Willen», das ja positiv gemeint ist und heraushebt, dass jemand mit schlechtem Gewissen ästhetisch arbeitet in Zeiten der politischen Verfinsterung und Krise, wo aufklärerisches Denken und Wirken in erster Linie gefragt sind, erhält bei Blatter eine neue Bedeutung: Gerade weil der Theoretiker Broch dem ästhetisch arbeitenden Autor ständig ins Wort fällt, paralysiert er unfreiwillig die Kraft des poetischen Worts.

Um 1970 sah die Situation noch anders aus. Brochs ausgebliebene bzw. verzögerte Wirkung schien damals auch ein Resultat der vielfältigen Hindernisse in seiner lebensgeschichtlichen Situation zu sein. *Die Schlafwandler* erschienen in einer Zeit, in der der Nationalsozialismus seinen politischen Siegeszug in Deutschland und – wenige Jahre später – auch in Österreich antrat. Der jüdische Schriftsteller Broch geriet in das Fadenkreuz der NS-Kulturdoktrinäre, die mit den Mitteln der Diffamierung und Unterdrückung angetreten waren, das deutsche Kulturleben zu reinigen, das heißt, auf ihre fragwürdige ideologische Linie zu zwingen – koste es, was es wolle. Broch war genötigt zu fliehen, um sein Leben zu retten. Aus seinem Sprachraum vertrieben und von seinem potenziellen Lesepublikum abgeschnitten, wartete im amerikanischen Exil eine von der täglichen Mühsal des Überlebens geprägte Existenz auf ihn, auch nicht mit dem Schatten eines der Privilegien versehen, die für Thomas Mann galten, die große Ausnahme unter den von der Exilmisere geschundenen Autoren und Intellektuellen. Damals schien es, dass sich immer wieder eine Situation andeutete, die den Durchbruch Brochs hätte bringen können, wäre nicht im letzten Augenblick das eine oder andere Hindernis aufgetaucht.

Als sein im Exil entstandenes literarisches Hauptwerk, der Roman *Der Tod des Vergil*, 1945 in einer englischen und deutschen Ausgabe zugleich im Pantheon Verlag Kurt Wolffs in New York erschien, war das Echo beachtlich, und der Durchbruch zum Ruhm schien nach dem Achtungserfolg der *Schlafwandler* in den dreißiger Jahren diesmal endgültig zu sein. In der hoch angesehenen literarischen Sonntagsbeilage der «New York Times», der «New York Times Book Review» vom 8. 7. 1945, erschien die wohlwollende Besprechung des Buches durch Marguerite Young, «A Poet's Last Hour on Earth», auf der ersten Seite. Das hat als Symptom des literarischen Erfolgs seine Wirkung getan. Eine bemerkenswerte Zahl von Rezensionen erschien in der Folgezeit in amerikanischen und dann auch europäischen Zeitungen und Zeitschriften. Aber wie so oft im Leben von Hermann Broch blieb es bei einem Beinahe. Denn der Zufall wollte, dass die Nummer der «New York Times», in der die Besprechung seines Buches enthalten war, zum Zeitpunkt eines Zeitungsstreiks erschien. Das Verteilersystem der Zeitung war blockiert. So blieb das Echo letztlich auf bereits interessierte literarische Kreise beschränkt. Wie wenig Brochs eigene Vorstellungen mit der Wirklichkeit übereinstimmten, verdeutlicht auch seine nach der Veröffentlichung des *Vergil* geäußerte Hoffnung, ein Werk geschaffen zu haben, das von erzieherischer Wirkung für das geschlagene und zerstörte Deutschland sein könne. Er träumte davon, das Buch könne im Rahmen der groß angelegten Umerziehungsbemühungen der Alliierten im Deutschland der Nachkriegszeit, mit der finanziellen Unterstützung des amerikanischen Außenministeriums, in einer Massenauflage in Deutschland verbreitet werden: *[...] ich habe die Hoffnung, daß der ‹Vergil› Einfluß haben und Mithilfe sein könnte.*[12] Dass ein so elaboriertes Buch, das große Ansprüche an die Aufnahmefähigkeit des Lesers stellt, als Instrument des kulturpolitischen Aufbaus in

Deutschland dienen sollte, zeigt, wie illusionär diese Hoffnung Brochs war. Deshalb überrascht es nicht, dass diese Initiativen erfolglos blieben. Auch der Wunsch Brochs nach einer *Ro-Ro-Volksausgabe*[13] hat sich aus verständlichen Gründen nicht erfüllt.

Das schien Hermann Brochs Schicksal zu sein. Abgesehen von einer Ehrengabe der American Academy for Arts and Letters, die er in Anerkennung seiner Arbeit am *Vergil*-Roman bereits 1941 erhielt, wurde ihm nie ein literarischer Preis zuerkannt. Dies gilt nicht nur für seine neue Heimat, die Vereinigten Staaten, sondern auch für sein Geburtsland Österreich. Man erwog, ihm ein Ehrendoktorat der Wiener Universität zu verleihen und den Literaturpreis der Stadt Wien an ihn zu vergeben. Beides wurde nicht verwirklicht. Broch hat in einem Brief aus dem Jahre 1949 darüber berichtet: *Genauso wie mit dem Literaturpreis ist es mir mit dem Wiener Ehrendoktorat gegangen […] zwar hochgepriesen, aber zu wenig «österreichverbunden» […].*[14] Die einzige Anerkennung durch Österreich zu seinen Lebzeiten war, dass ihm ein Bild des damaligen Oberbürgermeisters von Wien mit dessen Unterschrift übersandt wurde.

1950 wurde er für den Nobelpreis vorgeschlagen. Kasimir Edschmid und Frank Thieß setzten sich in Deutschland für ihn ein, Rudolf Brunngraber in Österreich und Thomas Mann in den Vereinigten Staaten. Erhalten hat er ihn nicht. Seine Aufnahme in die neu gegründete Deutsche Akademie für Sprache und Dichtung, die ihm der Akademie-Präsident Rudolf Pechel als einem der ersten emigrierten deutschsprachigen Autoren antrug – «Es ist der Wunsch aller unserer Mitglieder, Sie in unserem Kreise zu haben […]»[15] – und die während Brochs für den Sommer 1951 geplanter Deutschlandreise erfolgen sollte, ließ sich nicht mehr verwirklichen. Er starb kurze Zeit später. Berühmt und zugleich erfolglos zu sein, war für Broch jedoch nicht nur eine Frage der literarischen Geltung, sondern eine Existenzfrage. Ein literarischer Preis wäre vor allem eine finanzielle Hilfe für ihn gewesen, hätte seine Lebensbedingungen verbessert und die Durchführung seines immensen schriftstellerischen Arbeitsprogramms erleichtert. Seine letzten Lebensjahre verbrachte er in kümmerlichsten Verhältnissen in einem Boarding House in New Haven,

Connecticut. Ob er tatsächlich 1950 eine Ehrenprofessur im German Department der Yale University verliehen bekam, ist eine Frage, über die nur Vermutungen angestellt werden können. Eine offizielle Ernennung ist, wie von Universitätsseite versichert wird, nie ausgesprochen worden. Man tolerierte lediglich, dass Broch persönlich Wert darauf legte, mit der Universität assoziiert zu sein. Wie dem auch sei, ein Gehalt hat Broch nie erhalten, und die Chance, ihm zu helfen, wurde vom damaligen Yale, einer der reichsten Universitäten der Vereinigten Staaten, nicht genutzt. Die winzigen Stipendien, die ihm von verschiedenen amerikanischen Stiftungen (Guggenheim, Rockefeller, Bollingen) gewährt wurden, galten weniger seiner künstlerischen Leistung als seiner wissenschaftlichen Arbeit, so vor allem seinen Untersuchungen im Bereich der Massenpsychologie. Wie minimal diese Stipendien dotiert waren, hat Broch selbst berichtet: *Ich habe ein kleines Stipendium, mit dem ich noch vor drei Jahren vorm Verhungern geschützt war, das mir aber heute in Amerika nur die Wahl läßt entweder zu wohnen oder zu essen, beides zusammen aber nicht gestattet.*[16] Diese niederdrückende wirtschaftliche Situation war zugleich mit einem Arbeitsprogramm konfrontiert, das Broch 1948 einmal so beschrieb: *Außer dem Hofmannsthal, der jetzt als kleiner Band von 240 Seiten fertig wird, liegen sechs halbfertige Manuskripte vor, darunter die dreibändige Massenpsychologie, die politische Logik etc., und das ist ein in meinem Alter fast unbewältigbares Programm, dennoch eines, das ich bewältigen* m u ß, *weil es wenigstens einen Teil der uneingebrachten Lebensernte darstellt. Würde ich mich mit Pathos behandeln, so würde ich sagen, daß es geradezu ein tragischer Fall ist.*[17] 1949 schrieb er: *Ich brauche dringendst eine Lebensverlängerung von etwa 50 Jahren und werde sie nicht bekommen.*[18] Nicht nur seine materiell verzweifelte Situation belastete ihn am Ende seines Lebens, sondern auch die Isolation des Schaffens. Ein Jahr vor seinem Tod äußerte er: *Warum also plagt man sich da so furchtbar? Warum klammere ich mich an diese mehr als nutzlose Arbeit? Sicherlich nicht aus Ehrgeiz und Eitelkeit, sondern höchstens für die Selbstbestätigung einer Art Realitätsahnung, deren traumhaftes Verschweben man nicht erträgt und die man daher zur Rationalisierung und Deduktibilität bringen muß. Aus dem gleichen*

Grund schreibt man Romane. Nur erscheint mir da der Erkenntniswert noch geringer. […] Aber es ist immer gut, nichts Unvollendetes hinter sich zu lassen.[19] Auch diese Hoffnung erfüllte sich nicht. Neben der großen Hofmannsthal-Studie vollendete er in einer mühsamen Kompilation nur noch seinen Novellen-Roman *Die Schuldlosen.* Alles Übrige blieb in unterschiedlichem Maß fragmentarisch. Er arbeitete an der dritten Fassung seines Bergromans, als er starb. Die Worte des seit dem Beginn seiner literarischen Karriere mit ihm befreundeten Schriftstellers Frank Thieß bezeichnen exakt den Sachverhalt: «Er hat sich zu Tode gearbeitet.»[20]

Es hat den Anschein, dass die Kenntnis dieser Lebensumstände Brochs weitgehend verblasst ist. Damit hat sich auch in gewisser Weise die Sympathievorgabe verflüchtigt, der sich niemand verweigern konnte, der vor einigen Jahrzehnten über Broch zu arbeiten begann. Diese Vorgabe führte auch zu etwas wie einer Identifikation mit einer Schriftstellerpersönlichkeit, die so unermüdlich gegen eine Zeitgeschichte anschrieb, deren vielfach geschundenes Opfer sie zugleich in ihrer Lebensgeschichte war. Die Anstrengung, mit der sich Broch – auch bei Broch gab es sicherlich Phasen der Resignation und der potenziellen Selbstaufgabe – gegen die Restriktionen der Zeitgeschichte zur Wehr setzte, hat auch eine moralische Qualität, die ihn exemplarisch macht. Literarische Werke entstehen nicht im luftleeren Raum, sie sind nicht Emanationen eines Genies, wobei das biographische Ich des Autors nur als Medium fungiert. In diesem Sinn scheint es auch aussichtslos zu sein, bei Broch nach dem vollkommenen literarischen Kunstwerk Ausschau zu halten, das sich problemlos dem Kanon der großen literarischen Kunstwerke einfügen ließe. Broch gehört vielmehr zu den Autoren, in deren Werk gleichsam die Narben zu erkennen sind, die ihnen die Verwundungen der Zeit lebensgeschichtlich zugefügt haben. Er hat in Zeiten literarisch gearbeitet, in denen das poetische Wort wurzellos geworden war, ja seine Lebensfähigkeit fundamental in Frage gestellt wurde. Den Konflikt, der dadurch entstand, hat Broch nicht nur reflektiert und in seinem Selbstverständnis als Autor problematisiert, sondern er hat zugleich unermüdlich dagegen angeschrieben. So fremd sein literarisches Werk in manchen Teilen einem heutigen Leser geworden sein mag, es ist dennoch diesem Leser vermutlich da am vertrautesten, wo bei ihm gleichsam das Schicksal der Literatur auf dem Spiel zu stehen scheint, allerdings nun in einer Situation, die, anders gelagert als in Brochs Fall, zunehmend davon bestimmt zu sein scheint, dass das kulturelle Vermögen der Literatur immer mehr an die Peripherie gedrängt wird. Der Rekurs auf Broch hilft auch aus heutiger Perspektive dabei, den Widerstand dagegen neu zu formieren.

Die erste Lebensphase: Assimilierter Jude, Unternehmer, Intellektueller

Brochs Elternhaus: «Eine schwerneurotische Familie»

Ein halbes Jahr vor seinem Tod hat Broch geäußert: *Jene irrationale Struktur, die dem Dichtergewerbe zugrunde liegt, wird in der ersten Jugend geformt; was nach dem achten Lebensjahr kommt, wird kaum mehr wahrhaft dichterisch-irrational, sondern nur noch rational, d. h. in Gestalt rational präziser Erinnerungsbilder, rationaler Problemstellungen, etc. verarbeitet. Die eigentlich dichterische und künstlerische Qualität ist ausschließlich an jenen irrationalen Teil gebunden.*[21] Wenn man Broch und der hier unverkennbar freudianisch beeinflussten Sicht zustimmt, dann ist die Erhellung der frühen Kindheit nicht nur von biographischem Interesse, sondern vor allem als Grundlage seiner Dichtung wichtig. Broch, der sich noch in seiner Wiener Zeit, von den unterschiedlichsten Theorie-Entwürfen angezogen, auch der Psychoanalyse emphatisch geöffnet hat und von ihren therapeutischen Heilungsversprechen auch eine Lösung seiner individualpsychologischen Probleme erhofft hat, vermochte nicht die Psychoanalyse aus einer so skeptischen Distanz zu sehen, wie es beispielsweise Elias Canetti gelungen ist. Die Legitimität seiner zitierten Feststellung lässt sich zudem nicht überprüfen, da gerade die Zeugnisse aus dieser frühen Zeit äußerst spärlich sind, Broch eigentlich nie den Versuch gemacht hat, die pathographischen Muster seiner frühen Kindheit auszuloten, von einigen gewichtigen Hinweisen abgesehen: dem Gefühl des Liebesverlustes durch die Mutter, die den jüngeren Bruder Friedrich immer vorgezogen hat. In seiner *Psychischen Selbstbiographie*[22] vom Juli 1942 hat er dazu ausgeführt: *Die Eifersucht gegen Vater und Bruder hat mich als Kind beinahe getötet, und was diese beiden damals an mir verbrochen haben, darf ich meinerseits an niemandem verbrechen [...].* Pathographisch verwurzelt ist auch das schockhafte Schamgefühl angesichts der kaschierten Homosexualität des Vaters, die dem Kind offenbar früh bewusst geworden ist und die immer verdrängt wurde. Man hat daher schon früh eine «eigentümliche Ich-Verschwiegenheit»[23] Brochs festgestellt, eine Strategie der Marginalisierung alles Biographischen. So hat Broch beispielsweise nie ein Tagebuch geführt, sieht man einmal von dem als Liebeslektion verordneten Tagebuch in Briefen für Ea von Allesch[24] ab, das freilich aufgrund seiner unfreiwillig vollzogenen Selbstinfantilisierung kaum ernst zu nehmen ist. Das Bekenntnis, mit dem er das Tagebuchschreiben weit von sich zurückweist, ist verräterisch in seiner Formulierung, da die von Broch behauptete *unbändige Faulheit* eine reine Schutzbehauptung ist: *Niemals habe ich mir eine einzige Tagebuchzeile abringen können. Der Schreibakt als solcher ist eine so fürchterliche Anstrengung für mich […].*[25] Die Haltung einer betonten Gleichgültigkeit, die er gegenüber seiner Biographie einnimmt, ist verhüllend und vorgespielt: *Hätte ich eine Autobiographie zu schreiben, ich hätte wegen Materialmangel allerlei Schwierigkeiten.*[26] Und so ist auch das, was sich im Titel als seine Autobiographie zu erkennen gibt, *Autobiographie als Arbeitsprogramm*, alles andere als das: *Dies ist nur insoweit eine Autobiographie, als damit die Geschichte eines Problems erzählt wird, das zufällig mit mir gleichaltrig ist. […] es ist […] das Problem des Absolutheitsverlustes, das Problem des Relativismus […].*[27] Anstatt also das kindliche Schatten-Ich mit seinen frühen Erfahrungen und damit den irrationalen Kern seiner frühen Wirklichkeitserfahrung ans Tageslicht zu bringen, verbirgt Broch seine individuelle Geschichte in der Abstraktion eines Problemaufrisses, der ihm rückblickend wichtiger zu sein scheint als die Aufarbeitung der frühkindlichen Pathographie. Diese Berührungsangst vor dem eigenen eingekapselten Ich führt mitunter zu grotesken Übersteigerungen: *Leider bin ich aber ein sozusagen unbiographischer Mensch, und oft habe ich mich schon gefragt, wie ich mich zum Problem einer Autobiographie stellen würde; ich fürchte, daß ich sie einfach nicht zustande brächte.*[28] Wenn er seine Einstellung zugleich durch die Beispiele Kafkas und Musils abzusichern versucht, so ist auch das nur vorgeschoben und trifft vor allem auf Kafka überhaupt nicht zu: *Etwas teile ich jedenfalls mit Kafka und Musil: wir haben alle drei keine eigentlich Biographie; wir haben gelebt und geschrieben, und das ist alles.*[29] Das Komplementärphänomen zu dieser angestrengten Verhüllung alles Biographischen ist die Flucht in die fiktionale Erfindung einer Pseudobiographie. So schreibt er einmal im Gestus der Selbstironisierung und mit Anleihen, die auf die Biographie Canettis zurückdeuten, an seinen Verleger Brody: *Dichten Sie einmal auch, und dichten Sie mir die tollsten hobbies an, weiters, daß meine Ahnen anläßlich der großen Judenaustreibung von Spanien nach Holland auswanderten, und daß ich jetzt Dank der spanischen Revolution in mein ursprüngliches spanisches Vaterland zurückkehren werde können. Das sind bloß Anregungen, und Ihrer Phantasie ist keine Grenze gesetzt […].*[30] Nur in den Briefen aus der Spätzeit an den eigenen Sohn öffnete Broch mitunter das Visier und ließ die Scharaden hinter sich: *Der Adel hat eine Familiengeschichte, der jüdische Bourgeois eine Neurosengeschichte […].*[31] In einem andern Brief an den Sohn heißt es: *Du stammst aus einer schwerneurotischen Familie. Der Großvater manisch-depressiv und dumpf mit genialischen Einschlägen, die Großmutter eine Zwangsneurotikerin ersten Ranges, dabei von mäßiger Intelligenz, herrschsüchtig, bockig und eitel; ich könnte die psychologische Situation seitenweise schildern, und es wäre nicht uninteressant, und ebenso ließe sich aus der Schnabel-Broch-Familie in ihrer Gesamtheit eine Rougon-Macquart-Serie an Romanen aufbauen, ein Höllenbild gutmütiger Schäbigkeit […].*[32] Broch sah sich selbst von dieser Jugend neurotisch belastet: *Bei mir hat sich die mütterliche Zwangsneurose weit mehr als die väterliche Unbändigkeit […] ausgewirkt […].*[33] *Ich selber war ja ein gebrochener Mensch […].*[34] Brochs Flucht vor biographischen Dingen hat in diesen Verhältnissen ihren Grund. Die Gebrochenheit der psychischen Situation seines Elternhauses spiegelt sich auch im sozialgeschichtlichen Hintergrund der Familie. Das bedeutendste Dokument über diesen familiären Hintergrund ist ein 51 Schreibmaschinenseiten umfassender Brief von Brochs Sohn Hermann Broch de Rothermann aus dem Jahr 1953.[35]

«Die Brochs waren in Wien nicht ‹von Familie›.»[36] Brochs Vater war ein Homo novus. Er wurde am 12. Januar 1852 in Proßnitz, einer tschechischen Stadt in Mähren, als jüngster Sohn einer Familie von vierzehn Kindern geboren, «zu einer Zeit, da

Die Mutter:
Johanna Broch,
geb. Schnabel,
um 1880

sein Vater bereits ein hoher Sechziger war. Die Familie soll Ende des 18. Jahrhunderts aus der Ukraine nach Böhmen eingewandert sein. [...] Mein Urgroßvater soll [...] als eine Art Wunderrabbi angesehen worden sein und galt als Talmud-Gelehrter und – bezeichnenderweise – als ein mathematisches Genie [...].»[37] Angezogen von der Metropole Wien, verließ Joseph Broch im Alter von zwölf Jahren sein Elternhaus und «verdingte sich als Bürodiener in einem Tuchgeschäft am Wiener Kai. Unbändiger Ehrgeiz, Fleiß und eine tüchtige Portion Selbstsicherheit und Skrupellosigkeit brachten uns bald ‹ins Geschäft›; aus den kleinen Geschäften an der Börsenecke wurden bald gewagte, aber großangelegte Spekulationen, und mit 25 Jahren galt er als einer der gewieftesten Flanellspekulanten der Monarchie.»[38]

Es ist auffällig, wie sehr der sozialgeschichtliche Hintergrund von Brochs Elternhaus dem Kafkas oder Hofmannsthals

Der Vater:
Joseph Broch, 1874

ähnelt. So wie sich Kafkas Vater aus bescheidenen Anfängen in Prag hocharbeitete, Hofmannsthals Großvater Isaak Löw mit Hilfe des Textilhandels in Wien aus einer ähnlichen Ausgangssituation zu Reichtum und gesellschaftlichem Ansehen des Assimilierten aufstieg, gelang es auch Joseph Broch, mit großer Zähigkeit aus dem Nichts zu Besitz und bürgerlicher Reputation zu kommen. Broch hat in seiner Hofmannsthal-Studie am Ende seines Lebens dieses Phänomen des Aufstiegs selbst beleuchtet: *Es waren nahezu ausschließlich ökonomische Motive, welche die Judenschaft auf den Weg gebracht haben. [...] Sie wußten, daß der Absatz in Wien vielfältigen Gewinn erwarten ließ, einen umso beträchtlicheren als die Kriegszeiten, in die man eingetreten war, die Armee zu einem Hauptabnehmer machten. Das waren die ökonomischen Träume der Zuwanderer.*[39] Der junge Joseph Broch hat diese Träume geteilt und sie mit Entschlossenheit und manchmal an der Grenze des

Das Wohnhaus der Familie Broch am Rudolfplatz / Ecke Gonzagagasse in Wien

Erlaubten in die Wirklichkeit umgesetzt. In den 1890er Jahren erwarb er «zu sehr günstigen Bedingungen die alte Teesdorfer Weberei und Bleicherei und [...] baute sie zu einer hochmodernen Spinnerei mit Ringspinnmaschinen und 20 000 Spindeln aus» [40]. Bei Ausbruch des Ersten Weltkriegs und der dadurch hervorgerufenen großen Nachfrage nach Garnen für Uniformen nahm dieser – in heutigen Vorstellungen – mittelständische Betrieb einen beachtlichen Aufschwung. Das Grundkapital belief sich damals auf ca. 1 900 000 Kronen, und die Belegschaft umfasste 800 Leute. Das zweistöckige Wohnhaus und das Geschäftsbüro der Firma befanden sich gleichfalls auf dem Teesdorfer Gelände. Zugleich verfügte die Familie über eine Stadtwohnung und ein Geschäftsbüro im I. Bezirk Wiens. Ähnlich wie Kafkas Vater seine gesellschaftliche Stellung durch die Einheirat in die ansässige jüdische Bourgeoisie absicherte, heiratete auch Joseph Broch in die jüdische Lederfabrikantenfamilie der Schnabels ein, deren sozialer Aufstieg sich am Beispiel des Vaters Hermann Schnabel, der aus dem mährischen Trebitsch stammte, ganz ähnlich vollzogen hatte, allerdings bereits eine Generation zurücklag. Die Schnabels residierten in Wien-Rudolfsheim bereits in einem repräsentativen klassizistischen Neubau, während der gesellschaftliche Aufstieg Joseph Brochs am Beispiel der Wohnungen, die er nach und nach bezog, erst allmählich dieses Niveau erreichte. Die ersten Wohnungen in der Berggasse 11 (IX. Bezirk) und in der Neutorgasse 11 (I. Bezirk) waren noch von bescheidenem Zuschnitt. Der kurz nach der Trauung, die am 25. Oktober 1885 stattfand, erfolgte Umzug in die Wohnung am Franz-Josefs-Kai 11 erfüllte schon eher die Ansprüche bürgerlicher Gediegenheit. Von großbürgerlichem Zuschnitt ist dann die zahlreiche Räume umfassende neue Wohnung am Rudolfplatz in der Gonzagagasse, wohin die Familie 1893 zog.

Johanna Schnabel «galt als Schönheit, war eitel und klassenstolz. [...] Sie war vollkommen beherrscht von ihrem Mann [...] sehr belesen und von großer geistiger Regsamkeit [...].»[41] Sie brachte eine beträchtliche Mitgift mit in die Ehe, die Joseph Broch konsequent in den Ausbau seiner Firma investierte.

Am 1. November 1886 wurde Hermann Joseph Broch als erster Sohn des Ehepaares geboren, noch vor der *Geburt zum Spinner, Weber und Cottondrucker bestimmt*[42]. Drei Jahre später wurde das zweite Kind geboren, der Bruder Friedrich, dem die emotionale Zuwendung der Mutter im Übermaß zuteil wurde. Geistige Interessen gab es bei Joseph Broch kaum. Von daher überrascht es nicht, dass für den Sohn Hermann von vornherein die Realschule bestimmt wurde und eine Berufsperspektive, die den Interessen der Firma dienen würde. Die Verbindung zum Juden-

Johanna Broch mit Hermann und Fritz, 1894.
Die offene Bevorzugung des jüngeren Sohnes sollte das Familienleben über Jahrzehnte hinweg prägen.

tum war bei Joseph Broch oberflächlich. Die Religionszugehörigkeit des ältesten Sohnes war wie die der Eltern «israelitisch», der jüngere Sohn wurde hingegen katholisch getauft. Darin zeigt sich ein verbreitetes Verhaltensmuster assimilierter Juden, die sich ihrem Glaubenshintergrund weitgehend entfremdet hatten, zwar an bestimmten formalen Ritualen noch festhielten, aber nur noch selten die Synagoge aufsuchten. Es ist bezeichnend, dass Hermann Broch später ohne Zögern seinen Glauben wechselte und zur katholischen Kirche übertrat, ein Schritt, den die Familie seiner ersten Frau wünschte, als sie heirateten. Ebenso bezeichnend ist es, dass der Religionsverlust für Broch später zum Ansatzpunkt seiner Reflexion über den Zerfall der Werte wird. Wenn er 1938 über den Religionsverlust im Judentum spricht, kommt es zu Formulierungen, die auch die Gestalt seines Vaters berühren: *Man darf sich darüber nicht täuschen, daß sich unter den Juden kein kleinerer Prozentsatz unreligiöser Menschen wie anderwärts findet, ja, daß all die schlechten Eigenschaften des Juden gerade daraus entspringen, weil der irreligiöse Jude eine Umkehrung seiner selbst, also das Böse schlechthin darstellt.*[43]

Bereits um die Jahrhundertwende war Joseph Broch ein wohlhabender Mann, aber seine Gründermentalität führte in der Folgezeit zu manchen Fehlentscheidungen. In kritischen Situationen verließ ihn dennoch nicht das Glück: «Die nach wie vor autokratische Geschäftsführung hätte bei Kriegsende fast zum Ruin geführt, da er 1917 in einer plötzlichen patriotischen Aufwallung [...] veranlaßte, daß ein sehr namhaftes Kapital, das die Firma in der Schweiz in Dollars besaß, nach Österreich zurücktransferiert und in der letzten Kriegsanleihe angelegt wurde. Da die letzten Textillieferungen an die Regierung nicht mehr bezahlt worden waren, stand die Firma am Kriegsende fast vor dem Bankerott. [...] Doch die riesige Überbestellung von Rohwaren [...] wurde diesmal zur Rettung: denn es stellte sich heraus, daß große, noch vor Kriegsausbruch und zu Vorkriegspreisen abgeschlossene Mengen von Baumwolle gerade noch an neutrale Häfen ausgeliefert worden waren und dort für die Firma bereit lagen.»[44] Broch selbst hat die geschäftliche Tüchtigkeit seines Vaters wesentlich zurückhaltender beurteilt und in einem Brief an seinen Sohn ausgeführt: *Der Großvater war in seinen Geschäften keineswegs immer anständig, und manchmal wurde ich aufgeboten, um das zu vertuschen; seitdem habe ich einen neurotischen Haß gegen jegliche Unanständigkeit [...].*[45] Diese psychische Belastung durch die geschäftlichen Machenschaften des Vaters zeigte sich auf anderer Ebene auch im Umgang mit dem autokratischen Vater. Broch hat *die Angst vor dem grollenden Vater, vor der unbekannt lauernden Gefahr (die unausgesetzt auf unserm Haus gelastet hat)*[46] noch am Ende seines Lebens bekannt und vor allem hervorgehoben, dass die Schutzfunktion, die die Mutter in diesen Situationen für ihn hätte haben können, im Unterschied zu seinem Bruder für ihn nicht vorhanden war: *[...] während er diesen [Schutz] bei der Mutter gefunden hat, bin ich zurückgewiesen worden, er ist ein Sieger, allerdings ein geheimer, und das hat ihn ausgesprochen tückisch gemacht; ich dagegen, der ich zurückgestoßen worden bin, befinde mich auf konstanter Flucht vor dem Vater wie vor der Mutter.*[47] Dass diese familiäre Situation durch die homosexuellen Neigungen des Vaters vielfältig belastet wurde, begriff Broch erst später, als dieses familiäre Skandalon nicht länger vor ihm verheimlicht werden konnte.

Im Alter neigte der Vater zu einer herrschaftlichen Attitüde und bestand darauf, in einer zweispännigen Kutsche mit livriertem Diener auszufahren. Als sich die finanzielle Situation der Firma in der Nachkriegszeit immer mehr verschlechterte und Hermann Broch als Verantwortlicher alle Mühe hatte, die Fabriken profitabel weiterzuführen, wurde manchmal eines der beiden Pferde zur Entrüstung des Vaters vermietet, oder der Kutscher konnte nicht entlohnt werden. Der väterliche Zorn richtete sich dann auf den Sohn, der es in seinen Augen nicht verstand, erfolgreich zu sein, ohne zu begreifen, dass sich die Verhältnisse in der Zwischenzeit grundlegend verändert hatten. Am 14. Oktober 1933 starb der Vater nach einer schweren Erkrankung. Broch hat über sein Ende berichtet: *Es war für mich keine leichte Zeit, zumindest war es eine solche richtiger Erschütterung, denn mein Vater war 82 Jahre alt und ist so unvergleichlich heiter und schön dahingegangen, daß es ein beinahe tröstliches und beneidenswertes Ereignis gewesen ist.*[48] Broch wusste nicht, wie Recht er damit hatte. Vor dem Hintergrund der späteren Ereignisse und des Schicksals, das seiner Mutter bevorstand, war es in der Tat ein *beneidenswertes Ereignis.*

Der Mutter, die verständlicherweise immer unter diesem Vater zu leiden hatte und sich mit einem Schutzwall von Krankheiten vor ihrem Mann abzuschirmen versuchte, konnte Broch nie vergeben, dass sie, die in ihrer Introvertiertheit viel eher seiner grüblerischen Wesensveranlagung entsprach, ihre Liebe nahezu ausschließlich auf den jüngeren Bruder übertrug, der, geschickt in praktischen Dingen und freundlich im Umgang mit anderen Menschen, Broch in jeder Hinsicht überstrahlte. Brochs Bild seiner Mutter wird deutlich von dieser Erfahrung bestimmt: Als *herrschsüchtig, bockig und eitel [...] dabei von mäßiger Intelligenz*[49] hat er sie bezeichnet. Immerhin hat sie versucht, die rein aufs Praktische ausgerichtete Erziehungsdoktrin ihres Mannes bei den beiden Söhnen abzumildern. Weniger an Literatur als an Musik interessiert, bestand sie auf dem obligaten Klavierunterricht für die Söhne. Brochs späteres Interesse an Musik hat hier sicherlich seine Wurzeln. Konzert- und Opernbesuche wurden zu den glücklichsten Jugenderlebnissen. Broch hat die Schule wohl nur als Verstärkung des väterlichen Zwangs empfunden, zumal er darunter litt, dass ihm als Kind mit Gewalt sein Linkshändertum ausgetrieben wurde. Im Vergleich zur geistigen Anspruchslosigkeit des Vaters, für den nur materielle Erfolge zählten, muss der Erziehungseinfluss der Mutter doch eine Art von positivem Gegengewicht gebildet haben, auch wenn sie letztlich keinen Einfluss auf den von ihrem Mann festgelegten Bildungsweg des Sohnes hatte, der in der Geschäftspraxis der Textilfirma sein Ziel haben sollte. Trotz des gespaltenen Verhältnisses zu seiner Mutter hat Broch die Verbindung zu ihr immer aufrechterhalten und sich bis zuletzt um ihr Schicksal gekümmert. 1934, als er von seinen schriftstellerischen Arbeiten ganz beansprucht war, hat er einen langwierigen Pensionsprozess zugunsten seiner Mutter durchgefochten. Als nach 1938 die nationalsozialistische Judenverfolgung auch in Österreich einsetzte, schrieb er, nachdem er vergeblich versucht hatte, seine Mutter in Sicherheit zu bringen: *Die Scheußlichkeiten halten an, und unter denen, die sich in Gefahr befinden, ist meine eigene Mutter. Sie wird vermutlich alles verlieren und auswandern müssen, und das in ihrem Alter. […] Und ich sehe kein Land, das sie aufnimmt. Sie können sich vorstellen, wie mich das bedrückt.*[50] Juli 1942 bestand für ihn kein Zweifel mehr, dass seine Mutter in ein Konzentrationslager abtransportiert worden war: *Meine arme Mutter war besorgt um sich selbst, und nun befindet sie sich – schrecklich zu sagen – möglicherweise bereits auf dem Weg in die Deportation.*[51] Sie wurde nach Theresienstadt gebracht: *Sie konnte krankheitshalber nicht abreisen und starb dann in der Deportation.*[52] Nach Aussage einer Lagerinsassin starb sie am 28. Oktober 1942 in Theresienstadt an «Altersschwäche».

Jugend: «Ein Opfer altjüdischer Familienzucht»

Broch wuchs in einer materiell gesicherten Umgebung auf, in einem Elternhaus großbürgerlichen Zuschnitts, auch wenn die glänzende Außenfassade innen zahlreiche Risse aufwies. Eine glückliche Kindheit war das wohl nur äußerlich. Seine schulische Erziehung setzte relativ spät ein, da er in den ersten Jahren Privatunterricht in der Familie hatte. Am 17. September 1894 wurde er in die Allgemeine Volksschule im I. Bezirk in der Werderberggasse 6 eingeschult. Er war hier, von seinen Zensuren her beurteilt, ein guter Schüler. Die «Privatprüfung», der er sich am 10. Juli 1896 unterzog, bescheinigte ihm in allen Fächern ein «sehr gut». Brochs Aussagen über seine Schulzeit sind eher spärlich. Er betonte einmal ironisch, *er habe besser schreiben als lesen gelernt – das Lesen macht mir noch immer Schwierigkeit –, dafür aber so gut rechnen, daß ich unbedingt Mathematiker werden wollte*[53]. Aber indirekt hat er sich ausführlich mit seiner Schulzeit auseinander gesetzt. Wenn er über Hofmannsthal schreibt: *Das Dezennium 1880–1890 war für Hugo von Hofmannsthal das jener entscheidenden Jugendeindrücke, die fast für jeden Menschen die Grundthemen und die spezifische Schematik seiner künftigen Lebensprobleme bestimmen*[54], so treffen diese sicherlich auch zum großen Teil auf seine eigene Schulzeit zu. Wenn Broch allerdings für Hofmannsthal feststellt: *Der junge Hofmannsthal dagegen stand mit seiner Frühentwicklung unter dem liebevollen Erziehungseinfluß des Vaters (vermutlich mehr als unter dem der Mutter), und das war von ausschlaggebender Bedeutung für sein Leben*[55], so ist das unfreiwillig verräterisch. In Brochs Fall war es eher umgekehrt. Seines Vaters *Prinzip war: «A Kind gehört gestraft!»*[56] Das wird noch zugespitzt, wenn es heißt: *Im Falle Hofmannsthals […] enthielt sich der Vater jedes un-*

Hugo von Hofmannsthal (1. 2. 1874 Wien – 15. 7. 1929 Rodaun), jüdischer Herkunft, wuchs in großbürgerlicher Familie auf (Vater Bankdirektor), veröffentlichte schon als Gymnasiast unter dem Pseudonym Loris viel bewunderte Gedichte, Jura- und Romanistik-Studium, frühe Versdramen («Gestern», 1891, «Der Thor und der Tod», 1900), Kontakte zu den maßgeblichen Schriftstellern seiner Generation, Freundschaft mit Stefan George, an dessen «Blättern für die Kunst» er vorübergehend mitarbeitete. Erfolgreicher Autor von Komödien («Der Schwierige», 1921, «Der Unbestechliche», 1923). Viel beachtete Versuche, die griechische Tragödie wieder zu beleben («Elektra», 1904, «Ödipus und die Sphinx», 1906), später erfolgreiche Zusammenarbeit mit dem Komponisten Richard Strauss, für den er Opern-Libretti schrieb («Der Rosenkavalier», 1911, «Ariadne auf Naxos», 1912). Bedeutender Vertreter einer vom französischen Symbolismus beeinflussten neuromantischen Dichtung.

mittelbaren Eingriffes in die Berufswahl des Sohnes [...].[57] Um den natürlichen Bildungsdrang des Heranwachsenden zu voller Entfaltung zu bringen, ließ Hofmannsthals Vater den Zehnjährigen 1884 das berühmte Wiener Akademische Gymnasium besuchen, dem auch Grillparzer seine Ausbildung verdankte. Dem aufs Materielle ausgerichteten Realitätssinn von Brochs Vater, der Bildung nur als Ausbildung verstand, erschien das als abwegig: «Ein erster schwerer und nachhaltiger Konflikt mit seinem Vater entstand, als er das Gymnasium besuchen wollte [...].»[58] Für das Studium der klassischen Sprachen war in der Textilbranche keine Verwendung, und so schickte Joseph Broch den Sohn nicht aufs Akademische Gymnasium, das *bis 1864 der Universität als Vorbereitungsschule angegliedert*[59] war, sondern auf die K. K. Staats-Realschule im I. Bezirk, in der die naturwissenschaftlichen Fächer dominierten und Französisch als erste Fremdsprache vertreten war. Ein Zeugnis vom 12. Februar 1898 reicht an das «Glanz-Zeugnis» der Volksschule nicht mehr heran. Ein «lobenswert», das heißt ein «sehr gut», erhielt er nur in Mathematik, Französisch und Religionslehre, was beim letzten Fach allerdings – wie Broch an Hofmannsthals Beispiel ausführt – *nichts besagt, es waren auch die meisten Religionslehrer, die «Katecheten» leicht zu befriedigen, wenn der Schüler nur pünktlich zur Messe und Beichte erschienen*[60]. Im Fach Deutsch weist sein Zeugnis nur ein «befriedigend» auf. Es ist ein Zeugnis, das über dem Durchschnitt liegt, aber keineswegs das eines Klassenprimus. In Brochs Zeugnissen finden sich keine Indizien einer Krise. Seine Leistungen blieben offensichtlich auf dem gleichen Niveau, wenn sich auch gewisse Verlagerungen ergaben. So weist zum Beispiel ein Zeugnis vom 2. Juli 1896 auch ein «lobenswert» im Fach Deutsch auf. Aber dass ähnlich wie bei Hofmannsthal auch bei ihm eine *narzißtisch überspitzte Problemlage*[61] zu dieser Zeit bestanden haben muss, darauf lassen spätere Aussagen schließen. So zum Beispiel der Anfang des Gedichtes *Die Prüfung*: *Hast die Schule erlitten / und im Herzen die Prüfungsangst? / hörst im Traum du Zwei in Sitten, / da du nach dem Zeugnis langst?*[62]

Broch hat später immer wieder von der *neurotischen Konstellation*[63] seines Lebens gesprochen. In einem Kommentar zu einem graphologischen Gutachten über seine Handschrift schrieb er einmal: *Für mein Empfinden vergeudete ich mein Leben, und zweifelsohne spielen meine Zwangsneurosen eine große Rolle als Ursachen dieses Versagens.* Im selben Kommentar kommt er auf den Kern dieser neurotischen Konstellation zu sprechen: *Mein ständiges Bemühen ist, andere nicht zu verletzen. Wahrscheinlich gibt es zwei Gründe dafür: erstens bin ich ein Feigling, tiefenpsychologisch gesehen, äußerst eingeschüchtert durch meinen ständig unzufriedenen Vater, und zweitens bin ich äußerst arrogant und deshalb voll Mitleid für andere […].*[64] *Das Vater-Sohn-Verhältnis, das für Hofmannsthal unzweifelhaft ein konkretes Erlebnis gewesen ist*[65], war es für Broch nicht minder, jedoch im negativen Sinn. Das bezeugt ein Gedicht Brochs, das er, sechzehnjährig, zum 54. Geburtstag seines Vaters schrieb. Die Schlussverse lauten:

Und die Dampfmaschine mächtig
Und die Konjunktur ist prächtig
Und die beiden Söhne tichtig
Und das ist besonders wichtig
Und die Zukunft, sie ist heiter
Und sofort: Gott helfe weiter!!![66]

Dieses Gedicht ist in vieler Beziehung ein aufschlussreiches Dokument. Es ist schwer vorstellbar, dass diese stümperhaften Verse, die in ihrer Unbeholfenheit fast rührend sind, die Arbeit eines Sechzehnjährigen sind, wenn man sich die Verse in Erinnerung ruft, die der gleichaltrige Loris geschrieben hat. Sie sind zugleich ein denkwürdiges Zeugnis der väterlichen Erziehung, in der Engelchor und Spindel-Surren sich harmonisch vereinen, damit die Konjunktur prächtig sei und vom lieben Gott höchstpersönlich gefördert werde, von den beiden *tichtigen* Söhnen ganz zu schweigen. Dieses Gedicht bezeugt ebenso, wie es um die Stellung von Kunst und Literatur im Weltbild Joseph Brochs bestellt war: Sie waren nur als dekorative Ausschmückung der Baumwollindustrie zugelassen. Und schließlich vermittelt dieses merkwürdige Sprachgebilde einen Eindruck davon, wie es um das Bildungsniveau des jungen Hermann Broch stand. Er war zweifelsohne ein

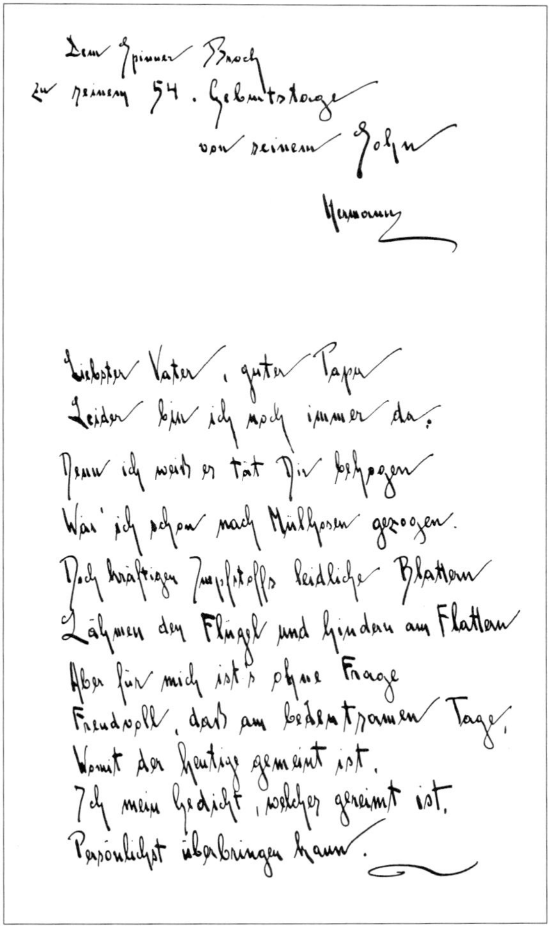
Dem Spinner Broch
zu seinem 54. Geburtstage
von seinem Sohn
Hermann

Liebster Vater, guter Papa
Leider bin ich noch immer da,
Denn ich weiß es tät Dir behagen
Wär' ich schon nach Mülhausen gezogen.
Doch kräftigen Impfstoffs leidliche Blattern
Lähmen den Flügel und hindern am Flattern
Aber für mich ist's ohne Frage
Freudvoll, daß am bedeutsamen Tage,
Womit der heutige gemeint ist,
Ich mein Gedicht, welches gereimt ist,
Persönlichst überbringen kann.

Geburtstagsgedicht an den Vater, 1902

guter Mathematiker, aber die Kunst und insbesondere die Literatur waren noch ein unentdeckter Erdteil für ihn.

Dennoch fällt auf, dass Broch bereits zu dieser Zeit gewisse literarische Ambitionen gehabt haben muss. Andernfalls wäre es unverständlich, dass er *dem Spinner Broch zu seinem 54. Geburtstage* – so die Überschrift – ein Gedicht präsentierte, wo er doch kaum damit rechnen konnte, Beifall zu finden. Entscheidend

Hermann Broch
als Schüler,
um 1900

war sicherlich, zu beweisen, dass sein literarisches Interesse nicht mit dem allein herrschenden beruflichen Interesse des Vaters in Konflikt zu treten brauchte, sondern sich diesem gewissermaßen unterordnen konnte. Wo die Wurzeln dieser literarischen Ambitionen liegen, ist schwer festzustellen. Wenn Broch über Hofmannsthal berichtet: *Unzweifelhaft bildeten für Vater und Sohn Hofmannsthal die Burgtheater-Besuche – vorher waren es wohl die im «Prater» und beim dortigen Kasperle-Theater gewesen – die Höhepunkte des ästhetisch-ästhetisierenden Erziehungsspiels*[67], so gilt auch für den jungen Hermann Broch, dass er ein eifriger Besucher des Kasperle-Theaters im Prater war. Auch Burgtheater-Besuche gab es, aber die Liebe zur Musik ließ ihn die Oper vorziehen. Zweifelsohne hat der junge Broch sehr viel gelesen, zuerst wahllos und dann allmählich einem sich herausbildenden Spürsinn vertrauend. Einer seiner Lieblingsautoren in den frühen Jahren war Karl May. Noch am Ende seines Lebens erinnert er sich: *Im Bett zu liegen, krank zu sein, nicht in die Schule zu gehen und Karl May lesen zu dürfen, hat ja stets seine trostreichen Reize in diesem Leben gehabt. Ich bin selten seit Winnetous Tagen und Old Shatterhands und Old Surehands Tagen so gefesselt und beglückt gewesen […].*[68] Diese unreflektierte Lektüre weicht bald einer kritischeren Aufnahme. So äußert er zum Beispiel relativ früh über Hermann Hesse: *Um auf den Hesse zurückzukommen: so berührt mich dieser gediegene, aber von allem möglichen beeinflußte Stil ganz merkwürdig. Eher traurig machend. Eines ist mir bei ihm aber immer zuwider: eine gewisse Sehnsucht nach eleganter Schönheit oder ähnliches.*[69] Das ist sechs Jahre nach seinem Geburtstagsgedicht geschrieben und deutet auf eine erstaunliche Entwicklung hin.

Die weitere schulische Bildung Brochs verlief ganz nach dem Programm des Vaters. Ruhepunkte bildeten die Sommerferien, «die die Familie teilweise in einer gemieteten Villa in Purkersdorf oder in Villen […] in Baden und in Hinterbrühl verbrachte. […] Hier verbrachte Hermann seine glücklichsten Kindheitstage.»[70] Am 1. Juli 1903 verließ er die Realschule mit der «Realschulmatura» und wechselte für vier Semester zur Wiener Webschule, der Höheren Lehr- und Versuchsanstalt für Textilindustrie im V. Bezirk, über, um Textiltechnologie zu studieren und sich für die Nachfolge in der väterlichen Firma zu präparieren: *Neben der Webschule […] war ich ordentlicher Hörer der Wiener Technik für Versicherungsmathematik. Dann (1904) ging ich ans Technikum Mühlhausen i. E. […] Textiltechnologie zu studieren.*[71] Er blieb ungefähr zwei Jahre im Elsass. Das Studium interessierte ihn. Außerdem sagte ihm die Umgebung zu: «Die leichte Atmosphäre französischer Kultur und Lebeweise ließ ihn aufatmen, und er begann Geschmack an Komfort und Eleganz zu finden. […] Er reiste ins Pfälzische und in die Vogesen und in die angrenzende Schweiz, besuchte Museen, las viel […], kurzum die Welt öffnete sich ihm, und er lebte auf.»[72] Er schloss die Fachausbildung 1906 mit der Qualifikation eines Textilingenieurs ab und muss offensichtlich

Mühlhausen im Elsass, wo Hermann Broch glückliche Tage verbrachte

erfolgreich in seinem Fach gewesen sein. Darauf deutet die Erfindung einer Baumwoll-Mischmaschine hin, die er zusammen mit Heinrich Brüggemann, dem Leiter der Mühlhausener Schule entwickelte und für die sie 1907 Patente in Österreich, Deutschland, Frankreich, Italien und in der Schweiz erwarben. Nach dem Examen war er etwa ein Jahr in der Teesdorfer Fabrik und in böhmischen Fabriken tätig. Als Belohnung gewissermaßen, aber zugleich auch als geschäftliche Weiterbildung bewilligte ihm der Vater eine zweimonatige Amerika-Reise. Broch brach Mitte September 1907 auf. In New York angekommen, reiste er durch die Südstaaten, vor allem an der Baumwollproduktion interessiert, besuchte Memphis und New Orleans, kaufte Baumwolle ein und nahm im Oktober an der «International Cotton Growers, Buyers and Spinners Conference» teil, die in Atlanta abgehalten wurde. Ein Ausflug an die Niagara-Fälle erfüllte touristische Wünsche. Obwohl das Amerika-Motiv im zweiten Teil der *Schlafwandler* dann eine gewisse Rolle spielt, hat Broch diesen Amerika-Besuch offenbar als Pflichtreise absolviert und ist, nicht sonderlich beeindruckt von Amerika, Mitte November 1907 wieder zurückgekehrt. Damit war das Ausbildungsprogramm seines Vaters für ihn abgeschlossen, und Hermann Broch, «durchaus ein Opfer altjüdischer Familienzucht»[73], war als wohl präparierter Experte der Textilbranche bereit, nach väterlichem Willen seine Funktion in der Teesdorfer Firma zu übernehmen, anfänglich als Assistenzdirektor. Insgesamt keine leichte Aufgabe, da die Firma im Geist des Manchesterkapitalismus geführt wurde und Ausbeutung der Arbeiterschaft betrieb, einschließlich Kinderarbeit. Als sich die Arbeiterschaft im Sommer 1906 mit einem mehrwöchigen Streik zur Wehr setzte und die Firma an den Rand des Ruins trieb, nutzte Joseph Broch die Situation, um die Kapitalmehrheit zu übernehmen. Brochs Aufgabe bestand darin, zusammen mit seinem Bruder Friedrich, der einen ähnlichen Ausbildungsgang als Maschineningenieur durchlief, das Unternehmen wieder halbwegs zu sanieren, was anfänglich auch glückte. Broch, der ohnehin darunter litt, dass der Bruder ihm immer wieder vorgezogen worden war, sah sich jetzt auch geschäftlich in Konkurrenz

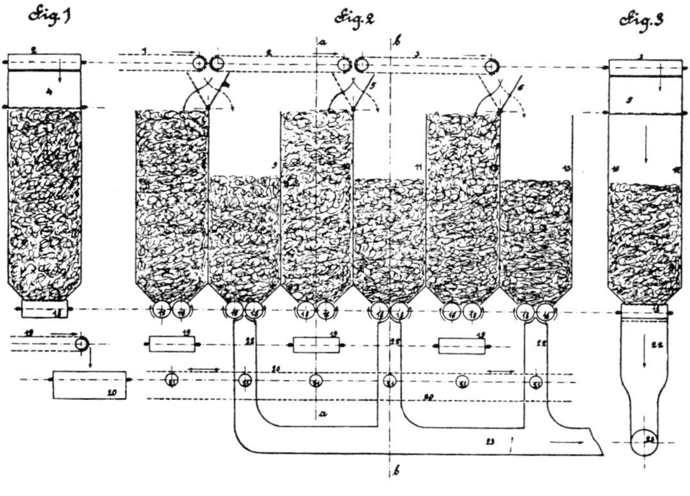

Brochs patentierte Erfindung: die Baumwoll-Mischmaschine

zum Bruder: *Fritz hat seine Triebe – infolge der äffischen Bewunderung, die seine Mutter für ihn hatte – nicht zu hemmen gelernt.*[74] Die Gespanntheit ihrer Beziehung drückte sich vor allem im Finanziellen aus. Der Vater hatte selbst die Veranlassung dafür gegeben. Obwohl beide Söhne nach dem Abschluss der Ausbildung in Leitungsfunktionen in die Firma eintraten, «hatte keiner der beiden Söhne ein eigenes Geld, sondern war einzig und allein auf die Großzügigkeit des Vaters, das Taschengeld, angewiesen. [...] Es versteht sich, daß in der steigend feindseligen Eifersucht zwischen den beiden Brüdern die Börse der väterlichen Gunst [...] bald zum Hauptkampfplatz wurde [...].»[75] Dem Bruder gelang es, über den Einfluss der Mutter die Finanzkraft zu okkupieren. Nicht nur, dass der Bruder später beim Verkauf der Fabriken wesentlich günstiger abschnitt als Hermann Broch, sondern nach dem Tode des Vaters gelang es Friedrich auch, Hermann vom Erbe des Vaters auszuschließen. Der Bruder ist später nach Detroit ausgewandert und hat dort als Ingenieur gearbeitet. Als Broch in seinen letzten Jahren in New Haven lebte, wohnte der Bruder ganz in der Nähe in Cambridge bei Boston (seine Frau betrieb eine Zuckerbäckerei). Zu persönlichen Kontakten ist es jedoch selten gekommen. Broch hat ihn hin und wieder besucht und stand bis zu seinem Tode in Briefwechsel mit ihm, aber in diesen Briefen ging es vor allem um finanzielle Dinge, Erbschaftsangelegenheiten in Österreich und dergleichen: *Mit Fritz halte ich eine Art neutraler Beziehung aufrecht, von Zeit zu Zeit sage ich ihm die bösesten Wahrheiten wegen seiner Tiefgemeinheiten, seiner Erbschleicherei, und er schluckt alles stillschweigend.*[76] Es lag nicht zuletzt auch am Verhalten des Bruders, wenn Broch später über seine Jugend äußerte: *Es war schon eine rechte Hölle, eine ausgesprochene Haß-Hölle.*[77]

Versuch im Bürgerlichen

Kurz nach seiner Rückkehr aus Amerika lernte Broch am 19. November 1907 zufällig im Zug die anderthalb Jahre ältere Franziska von Rothermann (am 6. August 1884 geboren) kennen. Ihren Eltern gehörten im Burgenland und in Ungarn Zuckerfabriken und Landbesitz. Die Rothermanns waren «vollarisch» und im 17. Jahrhundert von Holland nach Hamburg übergesiedelt, wo

In Wien, um 1908

sie als Zuckersieder arbeiteten. Der Großvater Franziskas zog mit seiner Familie ins Burgenland, war eine Zeit lang tätig in Esterházy'schen Zuckerfabriken, versuchte dann sein Glück in Ungarn, wo er aufgrund seiner Verdienste für die ungarische Wirt-

Brochs erste Frau, Franziska von Rothermann, 1909

schaft 1884 in den erblichen Adelsstand erhoben wurde. Obwohl also der familiäre Hintergrund Franziskas gar nicht so verschieden von dem Brochs war, lag die «Gründerzeit» bei den Rothermanns schon eine Generation zurück, und das Adelspartikel trug sicherlich mit dazu bei, diese «Gründerzeit» zu vergessen. «Bei all der pompösen Großzügigkeit […] haftete der Familie jedoch stets eine gewisse Kleinbürgerlichkeit an, ja geradezu eine bäurische Simplizität und Rüdheit […].»[78] Die Rothermanns waren von Anfang an gegen die Verbindung Franziskas mit Hermann Broch, wobei man nicht ausschließen kann, dass dabei auch ein verdeckter Antisemitismus ins Spiel kam. Joseph Broch auf der andern Seite missbilligte die Verbindung gleichfalls, weil ihm, ebenfalls aus konventionellen Erwägungen heraus, eine christliche Eheschließung missfiel, zumal der Sohn sich den Rothermanns gegenüber zu dem Zugeständnis bereit gefunden hatte, zum Katholizismus überzutreten.

Franziska von Rothermann lebte in Fölszerfalva (Hirm) im Burgenland mit ihrer Mutter und fünf Geschwistern; ihr Vater war 1895 bei einem Fabrikunfall ums Leben gekommen. Franziska «war zweifelsohne eine große Schönheit. [...] Sie war in Sacré-Cœur erzogen worden und hat bis zum heutigen Tag [sie starb 1974 neunzigjährig] in einem pietätvollen, konventionsstarken Glauben verharrt. Dabei war sie in ihrem Denken geradezu revolutionär modern [...] dabei aber klassenstolz und öfters von einer unbewußten und daher umso verletzenderen Arroganz. [...] Sie wurde später oft von ihrer Familie eines kindlich-mädchenhaften Ausspruches wegen geneckt: ‹Was ich über alles hasse, sind Spinnen und Juden!›, dies umso mehr, als mein Vater berufsmäßig ein Spinner war.»[79] Broch machte damals einen fast dandyhaften Eindruck. Er legte großes Gewicht auf seine äußere Erscheinung: «Er trug [...] schwarze und graue Anzüge im Winter, weiße und gelbe Leinenanzüge im Sommer, und nichts anderes als weiße Hemden mit schwarzen Strickkrawatten. [...] Die Anzüge kamen von Ebenstein und die Schuhe von Coyle und Earley, und er hatte sicherlich 50 Anzüge und Mäntel und gleiche Anzahl von Schuhen [...].»[80] Die Möglichkeiten für Broch, Franziska zu sehen, waren nicht sehr groß. Teils weil er sich vorübergehend beim Militär befand, und teils weil er seine Pflichten in den Teesdorfer Fabriken intensiv wahrzunehmen hatte. So kam es zu einer umfangreichen Korrespondenz bis zur Verlobung und schließlich zur Heirat. Diese Briefe geben sowohl eine eindringliche Charakteristik Brochs zu dieser Zeit als auch Hinweise auf die Spannung, die von Anfang an in ihrer Beziehung vorhanden war. Vieles mag zu dieser Spannung beigetragen haben: die Ablehnung Brochs durch ihre Familie, Brochs Judentum, Franziskas Altersvorsprung und ihre Erziehung. Während Broch von Anfang an emotional voll engagiert war, hat Franziska ihre Beziehung wohl anfänglich eher als eine Art gesellschaftliches Spiel betrachtet und nach den ihr bekannten Spielregeln durchexerziert. Broch hat entsprechend darunter gelitten. In einem Brief vom Dezember 1907 heißt es: *Du hast ja die Fähigkeit*

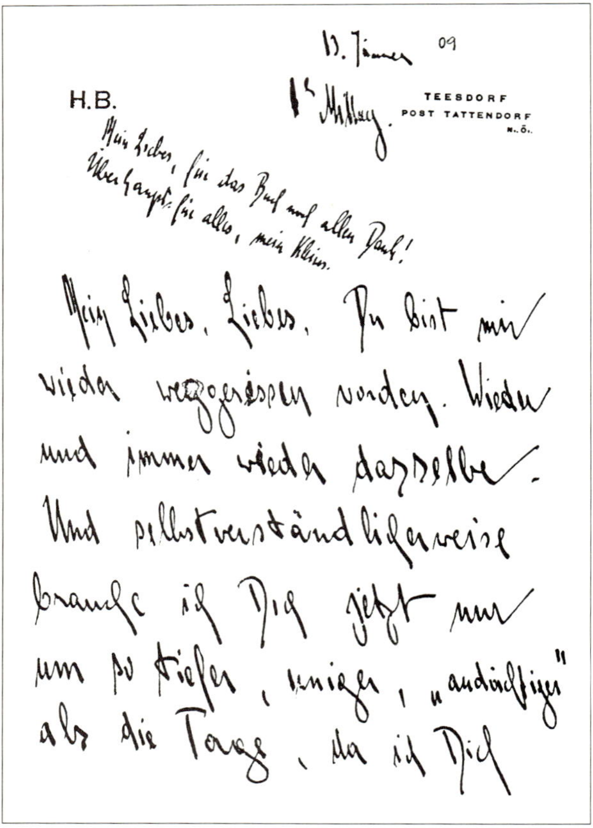
13. Jänner 09

H.B.

TEESDORF
POST TATTENDORF
N.-Ö.

Mein Liebes, für das Buch und allen Dank! Überhaupt für alles, mein Kleines.

Mein Liebes, Liebes. Du bist mir wieder weggerissen worden. Wieder und immer wieder dasselbe. Und selbstverständlicherweise brauche ich Dich jetzt nur um so tiefer, inniger, „andächtiger" als die Tage, da ich Dich

Einer der zahlreichen Briefe Brochs an die Verlobte Franziska

mich todunglücklich zu machen. Ich weiß, daß es kein Verdienst ist Dich liebhaben zu m ü s s e n, *ich will ja nicht belohnt sein, aber ich bitte Dich so herzlich als nur möglich: behalt mich lieb.*[81] In einem andern Brief hat er beschrieben, wie er ihr bei einem Rendezvous in Wien nach dem Abschied, von Eifersucht geplagt, heimlich folgte. Die Schwierigkeit ihrer Beziehung scheint vor allem darin bestanden zu haben, dass Franziska eine Zeit lang unentschlossen war, ob sie dem Rat ihrer Familie – sie hatte drei Schwestern und zwei Brüder – folgen und die Verbindung abbrechen oder Broch heiraten sollte. Ein Brief Brochs vom Februar 1908 legt diese Vermutung nahe: *Sehnsucht nach Dir, Mißtrauen, Selbstvorwürfe, alles durcheinander. Ich beschuldige mich, allein die Ursache zu sein, daß Du zu den fürchterlichen Scheidungsgedanken kommen konntest, […] Es war einer jener Augenblicke, in denen es sehr gut ist, keinen geladenen Revolver in Griffnähe zu haben. […] Du, mein Liebes, versuche es auch einmal Deinen Denkapparat auszuschalten. Denn Deiner ist besonders schädlich. […] All Deine Scheidungsgedanken sind auf dem einen aufgebaut: Das Zweckmäßige ist schön. […] Laß mich nicht leiden, wozu Du zwar die Macht hast.*[82] Broch selbst war an den Schwierigkeiten nicht unbeteiligt. Seine übergroße Emotionalität provozierte Konflikte. So gestand er zum Beispiel in einem Brief aus der gleichen Zeit: *Im Grunde bin ich ja schrecklich romantisch angelegt.*[83] In einem andern Brief heißt es: *Es ist wie die Transplantation meiner «zu großen Weichheit»: Ich suche dann in Dir Halt zu finden, den Du mir als Freundin, als lieber wohltuender Mensch geben kannst. – Ich weiß nicht, ob Du eigentlich der Mensch dazu bist. Hab ja diesen Zweifel auch schon geäußert, aber ich brauche Dich so sehr […] daß ich Dich eben dazu erziehen muß.*[84] Und wenn Broch im April 1908 schreibt: *Ich bin heute in der Stimmung, die zu unserer Ehe sehr positiv «ja» sagt, trotz aller Widerlichkeiten, trotzdem Du ein Böses ja doch bist*[85], so ist die ambivalente Haltung deutlich bezeichnet, die für diese Verbindung von Anfang an gilt. Im Oktober 1909 verlobte sich Broch mit Franziska von Rothermann, nachdem die Rothermanns einen letzten vergeblichen Versuch gemacht hatten, die beiden zu trennen. Man schickte Franziska mit einer Tante an die Riviera, aber Broch reiste ihr nach. Am 11. Dezember fand in der Kapelle im Helenental bei Baden die katholische Trauung statt, anschließend fuhr das Paar auf eine Hochzeitsreise an die Riviera.

Vorher – am 8. März 1905 – hatte Broch sich zur Zufriedenheit seines nationalpatriotischen Vaters zum Militär gemeldet, bei dem K. K. Ulanenregiment Nr. 5 in Wien, und der stolze Vater hatte dem minderjährigen Sohn mit Befriedigung seinen Segen dazu gegeben: «Ich erteile meinem minderjährigen Sohn Hermann Broch […] die Bewilligung zum Eintritt als Einjährig-Freiwilliger auf eigene Kosten in das K. u. K. Heer.»[86] Er diente im Anschluss an seine Amerikareise, wurde von Wien nach Agram

Hermann Broch als Leutnant des K. u. K. Heeres in Zagreb, Oktober 1909

(heute Zagreb) versetzt, wo er einem Militärschein vom 8. Oktober 1909 zufolge zum «K. u. K. Feldkanonenregiment Nr. 37» gehörte. Zum Verdruss seines Vaters musste er am 26. Oktober 1909 aus Krankheitsgründen («eine Herzaffektion») den Dienst quittieren, nachdem er es immerhin zum Leutnant gebracht hatte. Manches, was Broch im ersten Teil der *Schlafwandler*-Trilogie in der Gestalt Joachim von Pasenows dargestellt hat, geht auf die Erfahrungen dieser Zeit zurück. Broch kommt in seinen Briefen später nie auf seine Militärzeit zu sprechen und war bestrebt – was bei seiner Haltung verständlich ist –, diese Phase seines Lebens aus seiner Erinnerung zu tilgen. Gleich nach dem Abschied vom Militär vollzog er den Schritt ins bürgerliche Leben und heiratete.

Im Teesdorfer Haus, in dem zu dieser Zeit bereits seine Eltern wohnten, begann Broch nach eigenen Vorstellungen eine Wohnung für seine junge Frau herzurichten, die dem Leben in dieser provinzlerischen Einöde wohl nicht viel abgewinnen konnte: «Er zeichnete die ganze Inneneinrichtung des Hauses selbst und ließ sie nach seinen Plänen in der Werkstattischlerei anfertigen [...].»[87] Am 4. Oktober 1910 wurde der einzige Sohn Hermann Brochs geboren, der, nachdem er von einem Onkel mütterlicherseits adoptiert wurde, bis zum seinem Tod 1994 in New York lebte. Broch trieb zu dieser Zeit die Geschäfte in der väterlichen Firma voran, durchaus mit Erfolg, und war zudem bei seinen Arbeitern beliebt. *Hätte er sich in den ihm anscheinend genau vorgezeichneten Bahnen entwickelt [...] er wäre ein österreichischer Hofrat geworden, assimiliert an die lange Reihe der Hofräte vor ihm und neben ihm und nicht von ihnen zu unterscheiden. Doch es kam anders.*[88] Diese Formulierung Brochs über Hofmannsthal beschreibt einen Lebensentwurf, der in etwa auch für ihn hätte gelten können, wäre sein Leben in der eingeschlagenen Richtung weitergegangen. Die Abweichungen setzten allmählich ein und veränderten schließlich die ganze Richtung. Äußerlich gesehen wurde Broch von Jahr zu Jahr ein erfolgreicherer Unternehmer und schien der Erziehung seines Vaters retrospektiv das größte Lob auszusprechen. Aber das Leben zwischen Familie und Beruf erfüllte ihn immer weniger, zumal das Familienleben von Anfang an von

Problemen überschattet wurde. Später berichtete er seinem Sohn über *die unendlichen Streitigkeiten [seiner Mutter] mit Fanny [seiner Frau], deren Zeuge Du seit Deiner Jugend gewesen bist. Und ich anstatt drein zu fahren, habe nur immer zu vermitteln gesucht. Es war eine Sausituation […].*[89] Wie zumeist in Brochs Familie war wiederum das Geld der Anlass für die Auseinandersetzungen. Franziska hatte die beträchtliche Mitgift von 100 000 Gulden in die Ehe eingebracht. Joseph Broch investierte das Geld in den Ausbau der Firma. Aber aufgrund dieser Mitgift sah sich Franziska berechtigt, weiterhin so großzügig zu leben, wie sie es von Hause aus gewohnt war, und sie verlangte die finanziellen Mittel dafür. Broch, der ja trotz seiner Leitungstätigkeit in der Firma anfänglich nur ein Taschengeld von seinem Vater bezog, kämpfte darum, ein festes Gehalt zu bekommen. Aber erst 1915 wurde ihm ein Direktorengehalt ausgesetzt, und Teilhaber der Firma wurde er erst ganz zuletzt, als die Geschäfte bereits schlecht gingen.

Aus dieser permanenten familiären Misere rettete sich Broch durch die Flucht in die Wissenschaft. Bereits kurz nach seiner Heirat begann er an der Wiener Universität als Gasthörer Studien zu treiben. Die Wiener Universität war im ersten Jahrzehnt des 20. Jahrhunderts eine Hochburg des wissenschaftlichen Positivismus. Broch beschäftigte sich mit Philosophie, Psychologie und Physik: *Der große Wiener Physiker Ernst Mach stand am Anfang dieser Bestrebungen, der nicht minder bedeutende Ludwig Boltzmann (mein damaliger Lehrer) war zu seinem Nachfolger geworden, doch allenthalben gab es parallele Bemühungen um eine Denkmethodik, es begann die Reorganisation der Logik, es begann die Psychologie sich reinen Realitätsgründen zuzuwenden […].*[90] Da Brochs Tage durch seinen Beruf ausgefüllt waren, blieb ihm nur die Nacht zu wissenschaftlicher Beschäftigung. Über die Belastungen, die damit verbunden waren, hat er später einmal berichtet: *Daß ich während der Teesdorfer Jahre Nacht für Nacht wissenschaftlich gearbeitet habe, hat freilich niemand gewußt. Der Doppelberuf war eine fürchterliche Anstrengung.*[91] Während dieser Zeit legte er sich eine ca. 3000 Bände umfassende Arbeitsbibliothek[92] zu, und er «holte das Lateinstudium»[93] nach. «Seine Tage waren ausgefüllt durch die weiterausgebaute Fabrik, die Weberei wurde modernisiert, ein eigenes Kraftwerk mit Turbinenbetrieb angebaut [...].»[94] Im Nachlass Brochs befinden sich einige Notizbücher, auf 1908 und 1909 datiert, die von den wissenschaftlichen Bemühungen jener Jahre berichten.

Unterwegs zur Literatur

Nichts in Brochs künstlerischen Anfängen enthält ein Versprechen für die Zukunft. Das gilt nicht nur für das schon erwähnte Jugendgedicht, sondern auch für einen umfangreicheren Prosaversuch, das im Frühjahr 1909 entstandene Kapitel in einem von neun Autoren zusammengestellten Gemeinschaftsroman. Brochs Sohn hat über die Entstehung dieses «Romans der Neun» mit dem Titel «Sonja oder über unsere Kraft» – er erschien im Herbst 1909 in Fölszerfalva (Hirm) – berichtet: Er stellt «in seiner Flachheit und Abgedroschenheit ein recht übles Beispiel des damals so beliebten Gesellschaftsromans à la Courths-Mahler dar. [...] Fest steht hingegen, daß Hermann Broch seine Mitwirkung bei diesem kommunalen Schreibversuch vorgeschützt hat, um dadurch häufiger Gelegenheit zu haben, mit seiner Braut zusammenzukommen.»[95] Broch selbst hat später den bloß erotischen Unterhaltungsroman verdammt, und um ein Beispiel dieser Gattung handelt es sich bei dem «Sonja»-Roman. Die übrigen Autoren waren Freunde und Geschwister Franziskas. Jeder hatte ein Kapitel zu schreiben. Broch fiel das entscheidende Schlusskapitel zu. Nach den Aussagen von Brochs Sohn handelt es sich hier «zweifelsohne um den ersten bewußten schriftstellerischen Versuch Hermann Brochs». Ob sich freilich, wie der Sohn meint, «bereits der spätere Stilist und die denkerische Tiefgründigkeit des Dichters Hermann Broch erahnen lassen»[96], erscheint mehr als zweifelhaft.

Kontakte zu Vertretern des intellektuellen Wien begannen erst jetzt für Broch eine Rolle zu spielen. Vorher hatte er sich im Dienst der väterlichen Firma aufgerieben und sich in seiner spärlichen Freizeit in seinem Studierzimmer vergraben. Keine Frage, dass dies eine Lebensführung war, die seiner Frau, die am gesellschaftlichen Leben interessiert war, nicht genügte. Gelegent-

Broch mit seinem Sohn Hermann Friedrich, um 1914

liche Konzert- und Opernbesuche kompensierten diesen Mangel bei weitem nicht. Dass Brochs Ehe nur sieben Jahre hielt, hat auch mit dieser Situation zu tun. Broch selbst begann in jenen Jahren am literarischen Leben Wiens teilzunehmen: «Er verkehrte viel im Café Central und im Café Museum», wo Karl Kraus, Franz Blei, Alfred Polgar, Robert Musil, Franz Werfel, Friedrich Eckstein häufig zu finden waren, «er war besonders befreundet mit dem Maler Anton Faistauer, auch mit Paris Gütersloh und später mit dem Maler Georg Kirsta»[97]. Auch von der kunsttheoretischen Seite begann Broch sich der Literatur zu nähern. Die Notizbücher aus dieser Zeit eröffnen überraschende Einblicke. Vor allem der Einfluss Otto Weiningers ist auffällig, dessen Buch «Geschlecht und Charakter» 1903 in Wien erschienen war und die intellektuelle Diskussion auf Jahre bestimmte. Broch hat später diese Epoche als *eine der erbärmlichsten der Weltgeschichte*[98] bezeichnet und ihre Verlogenheit an der Nachahmungsarchitektur der in den 1880er Jahren entstandenen Monumentalbauten Wiens abgelesen. Dass im Geburtsjahr Brochs das Drei-Kaiser-Bündnis zerbrach, war das erste Symptom eines Zerfalls, den Broch zu dieser Zeit auch im Kulturbetrieb Wiens wahrnahm. Später hat er betont, dass Kraus zu seinen stärksten Eindrücken in dieser Zeit gehörte: *Natürlich war ich oftmals in Kraus-Vorlesungen. Ich kann nur bedauern, daß wir damals einander nicht begegnet sind. Kraus gehörte zu meinen großen Jugendeindrücken und zwar zu jenen, die ungeschwächt weiterbestehen.*[99] Eine seiner ersten veröffentlichten Arbeiten war die *Antwort auf eine Rundfrage über Karl Kraus*, die im Juni-Heft des «Brenner», einer von Ludwig von Ficker 1910 in Innsbruck gegründeten Kulturzeitschrift, erschien, die zunehmend zu einem wichtigen Forum intellektueller Auseinandersetzungen wurde. Zwischen Broch und dem Herausgeber entwickelte sich eine lebhafte Korrespondenz. Kraus war von der Münchner Wochenzeitschrift «Zeit im Bild» in sehr scharfer Weise herabgesetzt worden, worauf der «Brenner» als Reaktion darauf eine Umfrage veranstaltete, um das literarische Ansehen von Kraus wiederherzustellen. Broch rühmt die Kraus'sche Satire, *jene klare Ethik und tiefe Anständigkeit, die sich gegen die Phrase wenden muß und schaudernd aufzeigt, wie zwischen den Phrasen eines Vorsitzenden und dem Schmalz eines Verteidigers der Strick vom Galgen baumelt*[100]. Aber es ist ebenso bezeichnend, was er über die problematische Wirkung von Kraus berichtet, durchaus mit größerer Zurückhaltung als etwa beim jungen Canetti, der

«Der Brenner»

Halbmonatszeitschrift für Kunst und Kultur, hg. von Ludwig von Ficker in Zusammenarbeit mit Carl Dallago, erstes Heft 1. Juni 1910, ab 5. Folge 1915 unregelmäßiges Erscheinen, neun Folgen bis 1933/34. Zwischen 1910 und 1915 expressionistisch geprägtes Literaturblatt, das sich für Neuerungen in Kultur und Gesellschaft einsetzte. 1921 löste sich Ficker von Dallago; Theodor Haecker wurde nun wichtiger Autor. In den ersten Nummern zahlreiche Lyrikveröffentlichungen von Trakl und Däubler.

zu einem fanatischen Kraus-Anhänger wurde: *Es liegt in der Natur des Publikums, daß es weder unbefangen sein, noch Distanz halten kann, und nichts ist so fürchterlich wie die verständnisinnig gewordene Masse. Ich erinnere mich an das widerwärtige Bild jenes intellektuellen Publikums, das in Wiener Kraus-Vorlesungen allzu sinnfällig Verständnis mimt und im Grunde, der Oberfläche des Witzes sich hingebend, den äußerlichen Jargon begröhlt.*[101]

Karl Kraus (28. 4. 1874 Jitschin/Böhmen – 12. 6. 1936 Wien), jüdischer Herkunft, Sohn eines Papierfabrikanten, Studium von Jura und Philosophie, schauspielerische und journalistische Versuche, dann Literaturkritiker, gründete 1899 «Die Fackel»: einflussreiche kulturkritische Zeitschrift mit namhaften Mitarbeitern (Trakl, Werfel), ab 1911 bis 1936 dann von ihm allein geschrieben. Gefürchteter Polemiker, der eine besondere Technik der satirischen Bloßstellung durch das direkte Zitat entwickelte. Kampf gegen die österreichische Presse. Aphorismen und Lyrik, Autor des satirischen Antikriegsdramas «Die letzten Tage der Menschheit», 1919.

Dieser Abschnitt im Leben des jungen Broch war eine Phase der Unsicherheit. Der versuchte Ausbruch aus Familie und Beruf führte vorerst ins Leere. Er hat später über diese Zeit berichtet: *Was ich bis dahin getan habe, war weiß Gott nicht erfolgreich; es bestand im Gegenteil lediglich aus einer Kette von Rückzugsgefechten […].*[102] Vor allem hatte er noch keine Klarheit darüber, wo seine eigentliche Begabung lag. Seine *vielleicht sogar sehr gute Mittelbegabung*[103] ließ ihm, so schien es, viele Wege offen, aber schien ihn auch zu keinem Weg besonders hinzudrängen. Er neigte der *Wissenschaft [zu], die, wie ich glaube, mein stärkstes Begabungsgebiet ist*[104], und insbesondere dem *Mathematischen, das ich überdies für meine stärkste Begabung halte*[105]. Aber entscheiden konnte er sich nicht und überließ sich weiterhin dem vergeblichen *Ehrgeiz, alles zu vereinigen*[106]. Nach außen hin führte Broch das Leben eines umtriebigen jungen Unternehmers, und seine Tätigkeit schien den Lebensmechanismus jener Jahre zu bejahen. Aber das war nur das Oberflächenbild. Die Wirklichkeit war ihm längst fragwürdig geworden. Das bezeugt ein erstaunliches Dokument, die erste ernst zu nehmende dichterische Arbeit Brochs, die 1912/13 entstanden sein muss und mit überraschender Hellsichtigkeit auf den Kollaps der europäischen Geschichte im Ersten Weltkrieg vorausdeutet. Es ist ein ungewöhnlich langes Gedicht, aus Vers- und Prosa-Abschnitten zusammengesetzt, mit dem Titel *Cantos 1913*[107]. Broch hat später einige wenige Teile dieses Gedichts in den lyrischen Rahmen der *Schuldlosen* eingearbeitet, die Zeitbezogenheit erheblich abgeschwächt und den Titel *Cantos* in *Stimmen* abgeändert, da er ihn durch Ezra Pound suspekt gemacht sah. Broch gelang mit diesem Versuch der Durchbruch, zwar noch nicht zu der ihm gemäßen künstlerischen Form, aber zu seinem Thema. Die Katastrophe des Wertzerfalls, die er später in den *Schlafwandlern* gestalten und in den *Schuldlosen* weiterführen sollte, ist hier bereits im Ansatz vorausgeschaut. Die entscheidenden Motive klingen an: die Verselbständigung der einzelnen Wertsysteme und ihr Widerstreit, die Flucht in die Gedankenlosigkeit des Schönheitsdekors, des Kitsches. Auch die Genealogie der Kitsch-Repräsentanten, wie Broch sie später von Nero über Wilhelm II. zu Hitler in seinem Vortrag *Einige Bemerkungen zum Problem des Kitsches* aufstellte, wird hier bereits angedeutet. Darüber hinaus ist die-

Karl Kraus, 1913

Das ist die große Zeit der bürgerlichen
  Jugend;
sie denkt an Liebe, Geld und ähnliche
  Geschichten
und ist durchwegs gewillt, auf andres
  zu verzichten,
mit Eifersuchtsproblemen Welt
  an Welten fugend:
Gott ist ein Requisit, verwendbar in
  Gedichten,
und Politik ist dem, der in die Zeitung
  lugend
als Pöbelsünd sie sieht, die einst'ge
  Fürstentugend,
nichts als Verächtlichkeit; das macht ihn
  frei von Pflichten.

Cantos, GWS, S. 38

ses Gedicht ein Dokument der deutschen Geistesgeschichte zu jener Zeit, das es verdient, in Erinnerung gebracht zu werden. Kurze Zeit später sprach Carl Hauptmann zum Beispiel von der «gewaltigen Zeit, die über uns hereinbrechen mußte» und dichtete seine «Kriegsszenen», «ganz geschaut aus dem deutschen Wesen, das die deutsche Art als sein innerstes Eigentum liebt und kennt»[108]. Rilke schrieb seine Kriegsgesänge, und für viele andere wurde die nationale Begeisterung bei Kriegsausbruch zu einer fragwürdigen Inspiration. Broch sah das Grauen sich bereits ankündigen, bevor es konkret in Erscheinung trat: ein siebenundzwanzigjähriger Industrieller mit dem Blick für die Apokalypse seiner Zeit.

Unternehmer wider Willen und Essayist

Brochs Unternehmerkarriere entwickelte sich schnell: *Die Kriegsverhältnisse zwangen mich, etwas zu früh eine leitende Stellung zu übernehmen. Etwa ab 1916 war ich der leitende Verwaltungsrat der «Spinnfabrik Teesdorf».*[109] Gegen diesen Automatismus von Sachzwängen schien jeder Widerstand vergeblich: *Ehe ich mich versah, hatte ich die Leitung der väterlichen Fabriken inne, und ich stieg zu industriellen Würden auf, wurde das, was man einen Industriekapitän nennt, und schien für mein ganzes Leben lang gefangen [...].*[110] Über seine Funktionen hat er im Einzelnen näher berichtet: *In Wien gibt es einen Industrieverband der Schwerindustrie, zu dem ich bloß sehr lose Verbindungen hatte, und einen Arbeitgeberverband der Textilindustrie, dessen Vorstandsmitglied, nicht Vorstand, ich war. Und obwohl ich mit industriellen Ehrenstellen ansonsten reichlich gesegnet war, bin ich für einige, wenn auch nicht alle Wiener ein Hochstapler. Ich habe das Gefühl, als stünde [...] «Hermann Broch Kommerzialrat», und überdies mit dem Beigeschmack, daß ich gar nicht Kommerzialrat bin, sondern es bloß sein möchte. [...] Ich hätte mich ganz allgemein mit «Leiter eines großen Industriekonzerns» begnügt, denn schon das Wörtchen Textil ist ominös [...].*[111] So sehr Broch später seine industrielle Tätigkeit verwarf, er verwahrte sich doch immer wieder dagegen, wenn seine tatsächliche Tätigkeit zu dieser Zeit mit zusätzlich erfundenem Dekor ausgestattet wurde: *Ich konnte z. B.*

den «Vizepräsidenten des Industrievereins» nicht auf mir sitzen lassen, solche Dinge muß man richtig stellen, da sie sonst ewig sich weiterschleppen. [...] In erster Linie muß ich feststellen, daß ich niemals Vizepräsident des Industrieverbandes war; das sieht ein bißchen nach Hochstapelei aus, denn ich war lediglich Vorstandsmitglied des Textilverbandes und wenn ich auch in dieser Eigenschaft eine ganze Reihe offizieller und offiziöser Ämter innehatte, so war meine Tätigkeit hauptsächlich auf die Textilindustrie beschränkt.[112] Ebenso wehrte er sich dagegen, als Syndikus des Österreichischen Industrieverbandes angesehen zu werden. Als Herbert Burgmüller, ein mit ihm befreundeter junger Schriftsteller, später einmal in seinem Namen das Formblatt für «Kürschners Literatur-Kalender» ausfüllte und unter seinen ehemaligen industriellen Ämtern auch das des Syndikus erwähnte, reagierte Broch empfindlich: *Ich habe Sie allerdings auch beschimpft, weil Sie die schon letzthin bemängelte Syndikus-Hochstapelei nicht rektifiziert haben.*[113] Diese Zurückhaltung ehrt Broch, während er andererseits in der Korrespondenz mit seinem Verleger diesem selbstironisch vorschlug, bei Anfragen nach biographischen Informationen einfach ausschmückende Details zu erfinden.

Nach Ausbruch des Krieges wurde Broch, auch hier noch ein Opfer der väterlichen Erziehung und vielleicht auch des Prestigebedürfnisses seiner Frau, für kurze Zeit vom allgemeinen nationalen Taumel erfasst und meldete sich am 3. Juni 1915 freiwillig zum «K. u. K. Ulanenregiment Graf Huyn» (auch der Bruder meldete sich freiwillig zur Kavallerie und brachte es, von der Familie bewundert, bis zum Rittmeister): *Unter Voraussetzung meiner Tauglicherklärung bei der bevorstehenden Musterung bitte ich um Aufnahme als Kriegsfreiwilliger mit Zuerkennung des Freiwilligenabzeichens. [...] Im Falle meiner Einrückung werde ich ein kriegstaugliches Pferd und vorschriftsmäßiges Sattelzeug mitbringen.*[114] Aber schon die Formulierung dieser Freiwilligenmeldung deutet darauf hin, dass Broch sich eher den Erwartungen seiner Familie beugte, als dass er mit dem Herzen bei der martialischen Sache war. Das Ulanenregiment antwortete negativ, da nur die Jahrgänge 1892 bis 1894 Chancen hatten, angenommen zu werden, während den Jahrgängen 1878 bis 1890 nur Infanterie, Jägertruppen etc. offen standen. Zudem erklärte ihn die Musterung für untauglich. Er wurde lediglich dem Landsturm zugeteilt. Broch hat so nur indirekt am Krieg teilgenommen. Er leitete in Teesdorf ein Rekonvaleszentenhaus im Auftrag des Roten Kreuzes. Später wurde dieses Rekonvaleszentenhaus dem K. u. K. Garnisonsspital angegliedert und ebenfalls unter Brochs Leitung gestellt. Er soll mit großem Geschick geholfen haben und war bald unentbehrlich. Als man ihn gegen Ende des Krieges schließlich doch noch einziehen wollte, setzte sich das Rote Kreuz dafür ein, dass er an seinem Platz bleiben konnte: «Es wird bestätigt, daß das Teesdorfer Rekonvaleszentenhaus, vom Zweigverein Baden der Gesellschaft vom Roten Kreuze betrieben und unter der Leitung des Herrn Hermann Broch stehend, dem k. k. Garnisonsspital Baden angegliedert ist und daß ein Wechsel in der Leitung der Anstalt nicht wünschenswert wird.»[115]

Broch reagierte schon seit langem nur noch mit großer Depression auf den Krieg; er sah bestätigt, was er vorhergesehen hatte: das Auseinanderbrechen des Wertekanons der europäischen Geschichte und der Verinselung des Einzelnen. Die unmittelbare Konfrontation mit dem Grauen, wie sie Trakl zum Beispiel in Gródek in einer als Notlazarett bezeichneten Scheune voller Verwunderter, aber ohne jegliche ärztliche Hilfe, erleben musste, blieb Broch erspart. Waren die Eindrücke, die ihn erreichten, auch abgeschwächt, so wirkten sie nicht minder nach. Im dritten Band der *Schlafwandler* hat Broch in der Handlung um den Maurer Gödicke, den Leutnant Jaretzki und die Ärzte später manche dieser Eindrücke und Erfahrungen verarbeitet.

Mit dem Waffenstillstand vom 3. November 1918 war der Krieg für Österreich zwar zu Ende gegangen, aber auf eine schmerzhaft desillusionierende Weise. Der habsburgische Vielvölkerstaat brach auseinander. Im Namen der provisorischen Nationalversammlung proklamierte Karl Seitz am 12. November 1918 die Republik für den verbliebenen Rest Deutsch-Österreichs. In den politischen Turbulenzen jener Tage kam es zu Unruhen, zu Arbeiterdemonstrationen und Schießereien vor dem Parlamentsgebäude mit Toten und Verwundeten. Nicht wenige Schriftsteller und Intellektuelle schlugen sich deklamatorisch auf die Seite einer kommunistischen Fronde, die auf die Errichtung einer Räterepublik hinarbeitete. Auch Broch, keineswegs ein Revolutionär, sondern durch seine konkrete Arbeit schon immer in gesellschaftliche Prozesse eingebunden, hat seine Sympathie dafür bezeugt. Einige Aufschlüsse gibt ein Aufsatz über *Konstitutionelle Diktatur als demokratisches Rätesystem*, der am 11. April 1919 in der politischen Zeitschrift «Der Friede»[116] erschien. Broch schrieb darin die erstaunlichen Sätze: *Die Diktatur ist nicht nur als solche das definitive Ziel der Revolution, sondern auch das Rätesystem als solches wird bestehen bleiben müssen. [...] Eben aus dem Geist des Sozialismus heraus muß immer wieder darauf verwiesen werden, daß jede imperative Vergewaltigung der Freiheit an sich, ausgeübt von Menschen gegen Menschen, daß jede Beleidigung der Menschenwürde fluchwürdiges Verbrechen ist.*[117]

Brochs Idee ist eine Entpolitisierung des Staates, die erreicht werden soll, indem neben die Kammer der *eigentlichen politischen Gesetzgebung* eine *zweite Kammer* der wirtschaftlichen Gesetzgebung tritt. Immerhin werden in diesem Beitrag Ansätze deutlich, die Broch in seiner Emigration später weiter entfaltete, als er über Probleme der Staatstheorie und der Massenpsychologie zu arbeiten begann. Das Ende des Krieges hatte selbst seine pessimistischste Vorausahnung übertroffen. *Der Krieg hatte sich als blutige Sinnlosigkeit entpuppt, und der Friede wurde – zumindest in Zentraleuropa – erst recht zum Kampf kontradiktatorischer Wertsysteme, von denen jedes einzelne mit dem Anspruch auf absolute Alleingeltung auftrat; sozialistische, nationalistische, konservative Strebungen kämpften chaotisch untereinander und ließen den Abgrund des Blutgrauens ahnen, in welchen die Welt noch weiter gleiten sollte [...].*[118] Die Haltung, die ihn damals zu bestimmen begann, hat er in einem Brief später so charakterisiert: *Ich bin von einem brennenden Ehrgeiz besessen, in diese Welt noch eingreifen zu können, gerade weil die Welt so scheußlich geworden ist, und beinahe ist es mir, als meldete sich in einem solchen Drang eine metaphysische Pflicht an.*[119] Die Auswirkungen dieser neuen Haltung lassen sich an seinen Veröffentlichungen ablesen. Als vorbereitende Stationen können die Beiträge gelten, die Broch kurz vor Beginn des Weltkriegs im «Brenner» publizierte. 1913 erschien dort als eine der frühesten lyrischen Veröffentlichungen Brochs das Gedicht *Mathematisches Mysterium*[120]. Es ist ein poetologischer Text, der Brochs kunsttheoretische Anschauung, wie sie sich in den schon erwähnten frühen Notizen andeutet, in Sonettform komprimiert. *Gebunden muß das Ich erkennen, / Daß es die Wahrheit in der Form nur hält / Und mag an dieser kalten Flamme wohl verbrennen.* Broch begann in dieser Zeit, sich intensiver mit Immanuel Kant auseinander zu setzen. Vom Einfluss Kants ist auch die zweite Veröffentlichung im «Brenner» geprägt, der Aufsatz *Ethik*, der in der Nummer 14/15 der Zeitschrift am 1. Mai 1914 erschien. Im Jahr zuvor war am 1. Februar 1913 bereits sein Aufsatz *Philiströsität, Realismus, Idealismus der Kunst* im «Brenner» erschienen. Brochs Aufsatz wurde durch einen Artikel Carl Dallagos ausgelöst, damals einer der führenden Mitarbeiter der Zeitschrift und namhafter Kulturkritiker. Dallago hatte eine Artikelfolge unter dem Titel «Philister» veröffentlicht und als Beispiel für Philiströsität den Thomas Mann des Chamisso-Aufsatzes attackiert. Broch stimmte zwar mit Dallago in der Ablehnung des Chamisso-Aufsatzes überein, aber er nahm die soeben erschienene Novelle «Der Tod in Venedig» zum Anlass, Thomas Mann echtes Künstlertum zu attestieren. Über diesen unmittelbaren Anlass hinaus ging es Broch um eine Klärung des Verhältnisses zwischen schöpferischem Menschen, Gesellschaft und Welt, das heißt, es ging um ein Thema, das Broch selbst betraf. Broch präzisiert in seinem Text eine künstlerische Position, von der er auch später nicht mehr entscheidend abwich. In der Folgezeit wichtig werdende Gedanken klingen bereits hier an: *Selbsterkenntnis des Schaffens: schwerster Vorwurf der Kunst, in aller Kunst enthalten, denn jede Kunst ist Lyrik […].*[121]

Der Anlass für den ein Jahr später veröffentlichten *Ethik*-Aufsatz war das in deutscher Übersetzung erschienene Kant-Buch Houston Stewart Chamberlains «Immanuel Kant – Die Persön-

Houston Stewart Chamberlain (9. 9. 1855 Portsmouth – 9. 1. 1927 Bayreuth), englischer Schriftsteller und Kulturphilosoph, ab 1916 deutscher Staatsbürger, mit Richard Wagners Tochter Eva verheiratet. Sein Hauptwerk «Die Grundlagen des 19. Jahrhunderts» (1899) hat in seiner völkisch-mystischen Tendenz stark auf den Nationalsozialismus eingewirkt.

lichkeit als Einführung in das Werk», das Broch schon im Frühjahr 1908 mit großer Anteilnahme zu lesen begann. Chamberlain, der eine Affinität zu Österreich besaß, sich immer wieder in Wien aufhielt, von Ludwig von Ficker ebenso wie von Karl Kraus geschätzt wurde, in dessen «Fackel» er am Anfang gelegentlich veröffentlichte, war auch für Broch damals so etwas wie eine intellektuelle Leitfigur. Broch hat später immer wieder die erkenntnistheoretische Arbeit als seine eigentliche Aufgabe herausgestellt und den Beginn dieser Beschäftigung bis in seine schriftstellerischen Anfänge zurückdatiert. Es besteht kein Zweifel an der Richtigkeit dieser Aussage, denn sein *Ethik*-Aufsatz entstammt offensichtlich der Einleitung zu einer schon damals projektierten umfassenderen Arbeit. Das Bild Kants, das Broch in seinen Ausführungen zeichnet, widerspricht bemerkenswert der Kant-Rezeption des Neukantianismus. Wird hier der Akzent auf die methodologischen Folgerungen gelegt, die aus der «Kritik der reinen Vernunft» zu ziehen sind, so sieht Broch Kants weiterwirkende Bedeutung vor allem in seiner Grundlegung einer Ethik.

Der Fortgang des Kriegs, Brochs Tätigkeit im Militärhospital und die geschäftlichen Sorgen und Anstrengungen, denen er ausgesetzt war, ließen damals nur eine bruchstückhafte schriftstellerische Tätigkeit zu. Als Franz Blei, zu dessen intellektuellem Freundeskreis im Café Herrenhof Broch seit 1916/17 gehörte, 1917 im Verlag Jakob Hegner seine Kulturzeitschrift «Summa» gründete, ließ er sich von Blei, mit dessen Tochter Billy Lieben-Blei er sich zudem anfreundete, zur Mitarbeit heranziehen. Blei hat sich später immer wieder für Brochs Werk eingesetzt. Im Nachwort zu seiner Blei-Auswahl spricht Paris Gütersloh, der gemeinsame Freund, von «Hermann Brochs schmalem Kopf mit der zerdachten Stirn und den angstvollen Augen» und bezeichnet ihn als «metaphysischen Ironisten»[122]. Blei hat sich auch als Kritiker

«Summa» (1917)

Kurzlebige Kulturzeitschrift, die, von Franz Blei herausgegeben, im Jakob Hegner Verlag in Hellerau als Vierteljahreszeitschrift erschien. Aufsätze und Marginalien zum kulturellen und öffentlichen Leben. Autoren: Franz Blei, Ernst Bloch, Robert Musil, Alfred Wolfenstein.

später immer wieder für Broch eingesetzt. Als Blei 1942 in New York starb, gehörte Broch zu den wenigen, die ihn zu Grabe geleiteten. Die Charakterisierung Brochs als «metaphysischer Ironist» deutet offensichtlich auf die erste bekannt gewordene Prosadichtung Brochs hin, die Erzählung *Methodologische Novelle* (später überarbeitet und unter dem Titel *Methodisch konstruiert* in die *Schuldlosen* aufgenommen), die 1918 im dritten Viertel der «Summa»[123] erschien. Broch hat über die Entstehung dieses Erzähltextes später in einem Brief berichtet: *Die erste Erzählung, die ich je schrieb (1917), bloß zum Spaß für meinen Freund Blei, der zu dieser Zeit eine Monatsschrift herausgab und mich drängte, für ihn zu schreiben [...].*[124] Das *methodologisch* – später *methodisch* – ist nach der Veröffentlichung innerhalb der *Schuldlosen* missverstanden worden, so von dem Kritiker Karl August Horst[125], der es im Sinn «fehlerloser Konstruktion [...] in der durchgeführten Variation der Dreiecksfigur»[126] auslegte. Das geht an der ursprünglichen Absicht Brochs vorbei. Denn *methodologisch* bezieht sich auf die damals erfolgreichen literarischen Praktiken der Expressionisten, mit denen Broch durch Blei sicherlich bekannt gemacht worden war. Broch versuchte, eine Novelle zu «konstruieren» unter Anwendung dieser Praktiken, um sie dadurch zugleich bloßzustellen. Diese satirische Intention ist in der Überarbeitung nahezu verloren gegangen. Im «Summa»-Text ist sie jedoch deutlich zu erkennen.

Im Widerspruch zur zeitgenössischen Kunstauffassung steht auch Brochs literaturkritische Arbeit, die unter dem Titel *Zolas Vorurteil* im ersten Viertel der «Summa» 1917[127] erschien. Der ursprüngliche Anfang ist im Druck gestrichen worden. Im Manuskript, das sich im Broch-Archiv befindet, setzt der Aufsatz mit der Feststellung ein: *Daß hier ein Mensch mit seinem Ich so tief verwachsen war, daß er zum Typus wurde, verdiente ihm die gestaltende Liebe des Romanschriftstellers, steht als Movens zu Heinrich Manns Zolaaufsatz.* Brochs Aufsatz ist eine Antwort auf Heinrich Mann, eine Antwort von beträchtlicher Schärfe: *Das komplette Banalisieren der Idee der Wahrheit in kausaler Richtigkeit, die römische Genauigkeit seiner Beweisführung für die Plattitüde: kein Gallier war so witzlos wie dieser dicke Lateiner – oh, nie war die Wahrheit (nicht die Wirklichkeit) in schlechteren Händen als hier, da sie an den gewaltigsten Unkünstler der Literatur geriet.* Die politische Courage, die Zola in der Dreyfus-Affäre an den Tag gelegt hatte, ist für Broch sekundär. Er greift den naturalistischen Erzähler an, der glaubt, mit gleichsam wissenschaftlichen Darstellungsmethoden der Wahrheit als künstlerischem Darstellungsziel auf der Spur zu sein. Fünfzehn Jahre später sollte Broch diesen Vorwurf wiederholen, und im *Weltbild des Romans* wird Zola vorgeworfen, *das sozialistische Wertsystem ins Endliche gerückt, verkürzt, dogmatisch und ganz übel moralisch gemacht*[128] zu haben.

Eine Annonce im ersten Viertel der «Summa» kündete für die damals vorbereitete «Summa»-Bibliothek einen Band Brochs *Zur Theorie der Werte* an, der freilich nie erschienen ist. Es besteht jedoch kein Zweifel, dass Broch bereits zu jener Zeit an diesem theoretischen Komplex seiner Werttheorie gearbeitet hat und zumindest Umrisse des *Zerfalls der Werte* damals entstanden. Im Versuch einer *Autobiographie* hat er darüber berichtet. *Ich habe während der Dekade 1918–1928 von dieser Werttheorie die wichtigsten Partien fertiggestellt, habe jedoch hievon bloß Bruchstücke veröffentlicht; abgesehen von der Geschichtsphilosophie [...] welche ich in zusammenhängender Form in meine Romantrilogie «Die Schlafwandler» eingearbeitet hatte, habe ich mich auf kurze kritische und polemische Artikel zum Thema in Zeitschriften beschränkt. [...] Heute muß ich bedauern, daß ich die fertiggestellten nicht sofort veröffentlicht habe, denn von den Manuskripten, welche viele tausend Seiten umfaßt hatten, sind infolge der Hitlerschen Haussuchungen, die während meiner Haft durchgeführt worden sind, doch ziemlich umfangreiche Stücke verlorengegangen.*[129] Wie Manuskripte von vielen tausend Seiten in jener Zeit, als Broch noch vielfach geschäftlich eingespannt war, damals hätten entstehen können, ist schwer nachzuvollziehen. Im Nachlass sind immerhin Manuskriptteile vorgefunden worden, die zu diesem Arbeitskomplex gehören. Dieser Punkt ist deshalb nicht ganz unwichtig, weil vor allem auch im Blick auf den *Zerfall der Werte* sich der Eindruck aufdrängt, dass Broch hier der geschichtsphilosophischen Reflexion, wie sie Georg Lukács in seinem bahnbrechenden frühen Essay «Die Theorie des Romans» entwickelt hat, sehr nahe steht. Der Komparatist René

Wellek, der, als er nach Yale berufen wurde, Broch noch bei obligaten Universitätsanlässen kennen gelernt hat, hob in einer Arbeit über die Literaturkritik Brochs hervor: «Lukács' ‹Theorie des Romans› mit seiner ständigen Verwendung des Begriffes Totalität muß ständig in Brochs Bewußtsein gewesen sein.»[130] Lukács' Essay ist 1920 in Max Dessoirs «Zeitschrift für Ästhetik und Allgemeine Kunstwissenschaft» erschienen. Entstanden ist der Essay am Ende des Kriegs in Heidelberg im Umkreis Max Webers und hat wissenschaftsgeschichtlich Aufsehen erregt, erst recht nach der Veröffentlichung in Buchform 1920. Da Max Weber 1918 in Wien lehrte und Broch ihn zweifelsohne gehört hat, wird hier auch seine Kenntnis von Lukács' Arbeit wurzeln. Daher überrascht es nicht, dass Broch die Einladung der befreundeten ungarischen Schriftstellerin Edit Rényi-Gyömroi zu einem philosophischen Abend in ihrem Hause mit Georg Lukács und dem ungarischen Soziologen Karl Mannheim im Juli 1920 angenommen hat. Überraschend ist nur das Echo dieses Zusammentreffens im *Teesdorfer Tagebuch*, wo es heißt: *[...] eine Einladung zu einem ‹geschichtsphilosophischen Abend› bei Lukacz [sic]. [...] Da ich nun eben leider szt., wie ich schon erzählte, diesen Ungarn einiges zu dem Thema gesagt habe – allerdings weniger aus Eitelkeit als aus Opposition – fürchte ich, daß das auf zu fruchtbaren Boden gefallen ist. Die bekannte fruchtbare ungarische schwarze Erde.*[131] Das ist ironischerweise die Vorwegnahme des späteren Plagiatsvorwurfs Robert Musils an die Adresse von Broch, aber in diesem Fall noch absurder, da die zeitliche Priorität eine eindeutige Sprache zugunsten von Lukács spricht.

Darüber hinaus muss man feststellen, dass Brochs Ausgangspunkt, der Wertbegriff, damals im Mittelpunkt der philosophischen Diskussion stand, und es ist anzunehmen, dass Broch sich seine Argumente und Gegenargumente zum Teil auch aus den philosophischen Hörsälen der Wiener Universität holte. Broch ging es darum, nachzuweisen, «daß die empirische (oder historische) Wirklichkeit mit der Wertwirklichkeit des erlebenden Individuums identisch ist»[132]. Ob Broch selbst in der damaligen philosophischen Diskussion eine Rolle gespielt hat, ist unwahrscheinlich. Und so liegt der Wert dieser frühen Untersuchungen weniger in ihrer Wirkung nach außen als nach innen: Vorstufen zu sein für die Phasen späterer Reflexion und Gestaltung.

Franz Blei, Herausgeber der Zeitschrift «Summa», 1920

Als die «Summa» Ende des Kriegs ihr Erscheinen einstellte, begründete der unermüdliche Franz Blei zusammen mit Paris Gütersloh die kulturpolitische Zeitschrift «Die Rettung» («Blätter zur Erkenntnis der Zeit»). Am 20. Dezember 1918 veröffentlichte Broch in dieser Zeitschrift einen Artikel, der in Form eines Briefes an den Freund Blei abgefasst ist: *Die Straße.* Es handelt sich um einen der «vielleicht erstaunlichsten und biographisch wichtigsten unter den frühen Aufsätzen»[133]. Es ist ein Text, in dem Broch seine Stellung zur Literatur und Politik der Zeit gleichermaßen reflektiert. *Weder die Werfelsche Liebe zur Gemeinschaft noch sein Tun in ihr kommt mir irgendwie berechtigt vor. [...] Die Gemeinschaft ist kein Wertprinzip und darum gibt sie keine sittliche Basis ab.*[134] So wie Gemeinschaft in der Masse nicht existiert, verliert auch eine Politik ihr Gesicht, die auf diese Masse eingeht: *Politik ist das Unabwendbare schlechthin. [...] Das radikal Böse als notwendige Folge der Dogmatisierung des Sittlichen schlechthin.*[135] In seinen späteren Arbeiten zum Phänomen des Kitsches hat Broch den Kitsch als anthropologisches Phänomen mit gleich lautenden Formulierungen beschrieben. Broch verstummte in der Folgezeit fast für ein Jahrzehnt.

Ohne dass irgendwelche künstlerischen Zwischenstufen vorhanden wären, trat er am Ende dieser Phase mit einem großen Roman hervor: der *Schlafwandler*-Trilogie.

Abschied von der Industrie

Bürgerliche Normalität und bürgerliches Glück werden wir, weder Sie noch ich, kaum je erlangen; es hat noch keiner erlangt, obwohl sich wahrscheinlich ein jeder danach gesehnt hat, und bloß der Un-Künstler, nämlich der Bohemien sich seiner Abnormalität freut. Und ich kann Ihnen sagen, daß dieser Verzicht auf Normalität mit je höherem Alter immer schwerer wird.[136] Diese resignative Einschätzung gilt nicht für den Broch zu Beginn der zwanziger Jahre. Eher im Gegenteil: anstatt sich weiter treiben zu lassen, alle aufbrechenden Konflikte zu kitten und den mühseligen Spagat zwischen den immer schwerer werdenden Anforderungen seiner Unternehmer-Tätigkeit und seiner Schriftsteller-Tätigkeit weiter zu versuchen, entschloss sich Broch zu einem radikalen Schnitt. Das gilt unter dreifachem Aspekt: beruflich, privat und mental. Er begann sich allmählich der Diktatur seiner Familie zu entziehen. Einerseits zog er die Konsequenzen aus seiner gescheiterten Ehe und ließ sich am 13. April 1923 von Franziska von Rothermann scheiden. Andererseits traf er Anstalten, sich der familiären geschäftlichen Zwangsjacke zu entziehen. Zugleich versuchte er, die Verkrustungen und seelischen Widerstände, die aus seiner frühen Kindheit herrührten, aufzuarbeiten, indem er die Therapiemöglichkeiten, die die Psychoanalyse durch Freud damals zunehmend in die Öffentlichkeit zu tragen begann, für sich in Anspruch nahm. Katalytisches Auslösungsmoment für alle drei Unternehmungen war direkt und indirekt die Bekanntschaft mit einer Frau, die von bescheidensten Voraussetzungen aus einen Emanzipationsweg eingeschlagen, sich durch Heirat in das Umfeld gesellschaftlichen Ansehens vorgearbeitet und durch ihre Intellektualität und ihre journalistischen Beiträge für die in Wien erscheinende «Illustrierte Zeitschrift für Kunst, Literatur und Mode» sich eine Öffentlichkeit und auch Respekt verschafft hatte. Broch begann eine Liaison mit Ea von Allesch, die anfänglich durchaus eine befreiende Wirkung für ihn hatte. Nicht zuletzt wurde das Verhältnis zu dieser Frau zum Scheidungsgrund für seine Ehe. Freilich war die Ehe auch vorher nie spannungsfrei gewesen. Zwei Gründe waren vor allem maßgebend. Später hat er darüber Rechenschaft abgelegt: *Man kann keine irdische Verankerung bei einer Frau*

«Sie hatte feuerrote Haare, war sylphidenhaft schlank und hatte jene undefinierbare Eigenschaft, die man Chic nennt» – Ea von Allesch

finden, wenn man nicht schon vorher in sich selbst verankert gewesen ist. […] Mir war es nicht geglückt.[137] Und über den andern Grund berichtete er: *Von Fanny selber habe ich einen Brief, der lieb ist wie gewöhnlich, aber wiederum zeigt, wie winzig ihr Interessenkreis ist […].*[138] In einem andern Brief ist er direkter und spricht von Franziskas *Hartnäckigkeit im Formalen und Polemisiersucht*[139]. Für die intellektuellen Anstrengungen Brochs, für das Doppelleben, das er damals führte und das ihn zwischen seiner geschäftlichen und literarisch-wissenschaftlichen Tätigkeit aufrieb, hatte sie nicht das geringste Verständnis. Das war bei Ea von Allesch anders. Musil, der zu jener Zeit gleichfalls zum Freundeskreis Eas gehörte, veröffentlichte 1923 in der Beilage zur «Prager Presse» einen Auszug aus seiner Komödie «Vinzenz und die Freundin bedeutender Männer». Hinter der weiblichen Hauptfigur Alpha, auf die der Titel verweist, erscheint Ea von Allesch. Der Ironisierung bei Musil entspricht bei Broch freilich eine eher sentimentale, nahezu backfischhafte Schwärmerei, wie sein *Teesdorfer Tagebuch*, das er fast ein Jahr lang für Ea führte, bezeugt. Broch bezog in ihrer Wohnung in der Peregringasse zeitweilig ein Zimmer und brachte nach seiner Scheidung seinen Sohn dort unter, der über das Verhältnis zwischen beiden berichtet hat: Obwohl es häufig «leidenschaftlichste und verbissenste Szenen» gab, ist es jedoch Ea von Allesch anzurechnen, «dass sie Broch in seinen noch dunklen und unsicheren Bestrebungen als Schriftsteller unterstützt hat»[140]. Ea, die sich selbst mit Graphologie beschäftigte, aber Brochs emphatischer «Heilserwartung», die er der Psychoanalyse entgegenbrachte, mehr als skeptisch gegenüber stand, hat in ihrem eigenen Tagebuch, das sie auf Reisen führte, Broch keineswegs als den viel versprechenden, künftigen großen Schriftsteller angesehen: «Er [Broch] ist ein Egoist, u. ein Dummkopf u. was die Familie u. alle jüdischen Bonzen anbelangt außerdem ein Feigling u. ein Fußabwischer. Zu tiefst ordinär u. roh – wo er es sein kann – natürlich als Ausgleich. Keine Spur von Gentleman oder Gott bewahre Ritterlichkeit.»[141] Das war freilich 1929 geschrieben, also zu einer Zeit, in der Broch schon dabei war, eine neue amouröse Bindung zu Anna Herzog einzugehen.

Emma Elisabeth Allesch von Allfest, geb. Täubele (1875–1953), entstammte einer Wiener Arbeiterfamilie, lebte in erster Ehe in Leipzig, kehrte 1902 nach Wien zurück, wurde Modeschriftstellerin, heiratete 1914 den Edlen von Allfest, verkehrte in Wiener Künstlerkreisen, bekannt mit Eugen d'Albert, Robert Musil, Franz Blei, Peter Altenberg, Rainer Maria Rilke, Alfred Polgar, lernte Broch 1918 kennen, bestärkte ihn, Schriftsteller zu werden. Sie hat Broch, der sich ihretwegen scheiden ließ, auch in den Jahren seiner Emigration wirtschaftlich unterstützt.

Broch hatte sich Ende der zwanziger Jahre mit dem jungen Elias Canetti angefreundet und 1933 im Rahmen einer Vortragsreihe «Dichter werben für Dichter» den damals Achtundzwanzigjährigen, dessen «Blendung» zwar abgeschlossen, aber noch nicht erschienen war, in einer Lesung vorgestellt. Canetti hat aus der Perspektive der frühen dreißiger Jahre im zweiten Teil seines autobiographischen Lebensromans «Das Augenspiel» berichtet, wie er, Broch begleitend, Ea von Allesch im Café Museum kennen lernte. Was sie in Gegenwart des jungen Autors über Broch sagte, kommt einer Vernichtung gleich: «Seit einiger Zeit bilde sich der Broch nämlich ein, daß er schreiben müsse. Wer ihm das nur eingeredet habe, eine Frau wahrscheinlich [...] sie habe ihm schon aus der Schrift gesagt, daß er kein Schriftsteller sei, sie sei nämlich Graphologin und es genüge, seine Schrift mit der von Musil zu vergleichen, um zu wissen, daß der Broch kein Schriftsteller sei.»[142] Diese Aggressivität gegenüber Broch war nicht nur von verdeckter Eifersucht motiviert, sondern auch von ihrer Abscheu darüber, dass sich Broch, der schon einige Zeit im Kontakt zu Freuds Wiener Psychoanalytischer Vereinigung stand, 1927 entschlossen hatte, eine Analyse bei der Freud-Schülerin Hedwig Schaxel zu beginnen, die nach acht Jahren abgebrochen wurde. Über diese Analyse hat er im Rückblick berichtet: *Meine eigene Analyse war äußerst mangelhaft – erst als ich mit [Paul] Federn in New York ein paar Probestunden hatte, sah ich, was ein wirklicher Könner kann –, aber ich darf nicht undankbar sein, denn bevor ich zu analysieren begann, war ich meiner selbst so unsicher, daß ich keine Arbeit fertigstellen und nichts veröffentlichen konnte, so daß ich ihr trotz unendlich vieler ungelöster Reste mein eigentliches Leben verdanke [...].*[143] Der Versuch einer Aufarbeitung seiner mentalen Pathologie war sicherlich eine entscheidende Vorstufe für Brochs sich in dieser Zeit formenden Entschluss, das Joch seiner unternehmerischen Tätigkeit, das er aus Loyalität seiner Familie gegenüber auf sich genommen hatte, schließlich abzuwerfen. Mitte der zwanziger Jahre war eine Situation der umfassenden Beanspruchung entstanden, die die ihm zur Verfügung stehende Zeit nahezu aufzehrte, zumal die Weltwirtschaftskrise auch Österreich heimzusuchen begann und geschäftliche Operationen immer schwieriger und riskanter werden ließ. *Die industrielle Krise ist mit jedem Tag schärfer; fast alle Fabriken haben vollständig geschlossen, und in kurzer Zeit wird auch Teesdorf abgestellt werden. [...] Sogar meine Mathematikarbeiten muß ich hintanstellen; Du kannst Dir denken, wie schmerzlich mir das ist.*[144] Des ungeachtet schob Joseph Broch dem Sohn die Schuld an der schwierigen wirtschaftlichen Lage in die

Schuhe. «Ich hätte das Jüngel nie nach Gutdünken schalten und walten lassen dürfen denn das Geschäft hat ihn eben doch nicht interessiert […].»[145] Als die Situation sich extrem zuspitzte und das wirtschaftliche Überleben der Firma immer problematischer schien, entschloss sich Broch, die Fabriken gegen den Widerstand der ganzen Familie zu verkaufen: *Im Jahre 1927 ist es mir gelungen, die Fabriken zu verkaufen, zum großen Entsetzen aller Beteiligten, dennoch zu ihrer aller Heil, da inzwischen nun die ganz schweren Krisen über Österreich hereingebrochen sind.*[146] Der Käufer war ein ehemaliger Schulfreund Brochs, Felix Wolf, Inhaber einer im tschechischen Tannwald ansässigen Baumwollspinnerei und -weberei. Vom Verkaufspreis von insgesamt 100 000 US-Dollar standen der Familie Broch, die nicht Alleinbesitzer war, anteilig 60 000 Dollar zu, eine, gemessen an der damaligen Kaufkraft, nicht unerhebliche Summe. Felix Wolf brachte der Kauf kein Glück. Als die wirtschaftliche Krise sich zuspitzte, beging er Selbstmord. «Um das Geld entbrannte ein schrecklicher Streit, aus dem der langjährige treue Sohn und Retter leer ausging, um seitdem seine permanente finanzielle Malaise zu bejammern und insgeheim zu genießen.»[147] Das Geld wurde, jeweils 20 000 Dollar, unter den Eltern, dem Bruder und Broch aufgeteilt. Aber da Hermann Brochs Anteil durch die Verpflichtungen seiner geschiedenen Frau gegenüber und seinem Sohn festgelegt war, ging er im Grunde leer aus. Hinzu kam, dass ihm die Familie vorwarf, die Fabriken nur losgeschlagen zu haben, um Schriftsteller werden zu können: *Es wurden Familienräte über mich abgehalten, damit ich einen anständigen Beruf ergreife […]. Am liebsten hätten sie mich allesamt um Rat gefragt, wie man mich am besten umbringen kann. […] Ich wurde als der allmächtige Trottel behandelt. […] Dabei hatte alles von mir und meiner Anstrengung gelebt. […] Es war […] eine ausgesprochene Haß-Hölle.*[148] Noch 1925 hatte Broch geschrieben: *Es ist nun weiters eine unumstößliche Wahrheit, daß das Ich nur diejenigen Dinge als absolut wahr und wirklich, also nicht als bloßen Traum akzeptiert, wenn sie als ‹logisch› erscheinen. Die Aufgabe, die dem Ich damit gestellt ist, heißt nun, sich die Welt logisch zu gestalten, d. h. die Gesetzlichkeit des Weltgeschehens festzustellen. Denn logisch geht es nur dort zu, wo ein Naturgesetz vorhanden ist. Nur die wissen-*

Die Eltern um 1930: Anlass zu permanenten finanziellen Sorgen

schaftlich angeschaute Welt ist logisch und einleuchtend und ‹wirklich›, alles andere ist eine Traumwelt, für die der Wind von einem Winddämon geblasen wird.[149] Die Situation, in der er sich 1927 befand, schien ihm mehr als eine Bestätigung dieser Ansicht zu sein. So ist es verständlich, dass er, abgestoßen von der Wirklichkeit, versuchte, rigoros die Brücken hinter sich abzubrechen und sich wieder ganz und gar auf die Wissenschaft zu konzentrieren. Er bezog nochmals die Universität und begann mit einem intensiven Studium: *Von 1929 bis 1932 habe ich als außerordentlicher Hörer (da ich ja Realschüler war) Mathematik und z. T. auch Philosophie (Schlick) an der Wiener Universität studiert.*[150] Brochs akademische Lehrer waren in Mathematik Hans Hahn und Philipp Furtwängler, in Philosophie Hans Eibl und Heinrich Gomperz, daneben besuchte er Veranstaltungen in Kunstgeschichte bei Julius Schlosser und in Musikwissenschaft bei Robert Lach. Broch dachte sogar an die akademische Qualifikation eines Doktorates, was jedoch ein Nachholen des Latinums vorausgesetzt hätte, und das schreckte ihn letztlich ab: *Ich wollte das Doktorat noch nachtragen, doch da kam mir die schriftstellerische Arbeit (‹Schlafwandler› 1929 etc.) in die Quere.*[151] Dennoch gelang es Broch nicht, sich völlig von den Verpflichtungen seiner Familie gegenüber zu befreien. Seine eigene finanzielle Situation verschlechterte sich zudem von Jahr zu Jahr. 1934 schrieb er: *Vor fünf Jahren habe ich noch über nennenswerte Vermögensreste verfügt, war also auch finanziell ein besserer Partner. Heute ist alles anders.* Seine *konstanten Geldsorgen*[152] sollten ihn von nun an bis zum Ende seines Lebens nicht mehr verlassen. So wenig es ihm also gelang, sich völlig von den Familienverpflichtungen zu lösen, so wenig befriedigte ihn letztlich sein wieder aufgenommenes Studium. Auch die Wissenschaft erwies sich mit ihren unterschiedlichen Teildisziplinen als ein aus partikularen Erkenntnisentwürfen zusammengesetztes, lückenhaftes System, das ihn unbefriedigt ließ und die literarische Arbeit als Ausweg umso attraktiver machte: *Das metaphysische Bedürfnis läßt sich jedoch nicht zum Schweigen bringen; wäre dies möglich, so gäbe es keine Philosophie, nicht einmal eine positivistische. Und wenn die religiöse Sphäre, in der es seine Allgemeingültigkeit besitzt, verschlossen ist, so muß es dort aufgespürt werden, wo es unauslöschlich und ewig verwurzelt ist, nämlich in der Seele des menschlichen Individuums: der Zugang hiezu war seit jeher die Dichtung gewesen, die Dichtung in ihrer gottsucherischen Mission. Dichtung legitimiert sich an der metaphysischen Evidenz, die den Menschen erfüllt und zu der sie vorstößt, wenn die rationalen Mittel des Denkens hiezu nicht ausreichen; Dichtung ist stets Ungeduld der Erkenntnis gewesen, und zwar eine durchaus legitime Ungeduld. Dies war wohl der erste Grund für meine Wendung zum außerwissenschaftlichen, literarischen Ausdruck gewesen, doch daneben gab es noch einen zweiten und eigentlich rationaleren Grund, nämlich den der unmittelbaren ethischen Wirkung. […] Für eine solche ist das Dichtwerk ein weitaus besseres Mittel als die Wissenschaft. Dies war der zweite Grund für meine Wendung zur Literatur.*[153] Man könnte Broch durchaus kritisch entgegenhalten, dass die Literatur, die solcherart die fundamentalen Sinnfragen von der Religion und Philosophie geerbt hat, als erlösendes Heilsprogramm so überfordert wird, dass ihre ästhetischen Ausdrucksmöglichkeiten versagen müssen, zumal die *unmittelbare ethische Wirkung*, die sich Broch von literarischen Texten erhofft, einen Kurzschluss des Denkens darstellt, der die Möglichkeiten der Literatur weit überschätzt. Auf der andern Seite lässt sich sagen, dass Literatur für Broch kein ästhetisches Dekorum darstellt, keine elaborierte kulturelle Fertigkeit, die man genießerisch rezipiert, sondern eine todernste Sache. Er macht gleichsam sein Leben davon abhängig. Dahinter erscheint als Grundintention: *Ich bin von einem brennenden Ehrgeiz besessen, in diese Welt noch eingreifen zu können.*[154] Er will sich in die Wirklichkeit einbringen, will sinnvoll tätig sein, die hergebrachten Dinge, deren Ordnung fragwürdig geworden ist, verändern, nachdem er ihren Zusammenbruch im Politischen, Wirtschaftlichen, im Familiären und Privaten (seine Ehe), in allen Bereichen also, erfahren hat. Diesen umfassenden Prozess des Zerfalls, seine geschichtlichen Ursachen und damit zugleich die Summe seiner Erfahrungen versuchte er nun in den *Schlafwandlern* zu künstlerischer Anschauung zu bringen.

Karriere als Schriftsteller in schwierigen politischen Zeiten

Die «Schlafwandler»-Trilogie: Stufen ihrer Entstehung

«1927 hatte Broch Anja Herzog, eine aus Rumänien eingewanderte Jüdin kennengelernt, die jung, ansprechend und voller Verehrung für ihn war und zu der er sich hingezogen fühlte, [...]. Bei ihr erlebte er einen Anstrich des sonst nie gekannten häuslichen Friedens, und in ihrem Haus, besonders in der von ihr in den Sommermonaten bewohnten Sieveringer Villa, entstanden die *Schlafwandler.*»[155] Broch hat einmal die Entstehung seiner Manuskripte folgendermaßen beschrieben: *Bei meiner Arbeitsweise hat es sich immer bewährt, wenn ich mir nach Schluß der ersten Niederschrift einen Auszug der Kapitel angelegt hatte, Kapitel zu Kapitel, eine Art wirklichen Inhaltsverzeichnisses, denn daran kann man den architektonischen Aufbau außerordentlich gut ablesen [...].*[156] Diese Beschreibung lässt sich sicherlich cum grano salis auch auf die *Schlafwandler* beziehen. Es scheint deshalb kein Anlass zu bestehen, ein sukzessives Zustandekommen der drei Romanteile zu bezweifeln. In einer frühen wichtigen Studie, die die Entstehung der *Schlafwandler* untersuchte[157] und vor allem die *Huguenau*-Fassungen detailliert miteinander verglich, wird die Ansicht vertreten, «daß Broch erst nach dem Abschluß des *Ur-Huguenau* die beiden vorangehenden Bände konzipierte und ausführte»[158]. Als Beleg für diese Hypothese dient ein Manuskriptblatt im *Ur-Huguenau*, dessen Rückseite ein angefangenes Briefkonzept ist und das Datum «16th August 1928» trägt. Es handelt sich aber keineswegs um einen Briefentwurf Brochs, sondern, wie der unkenntlich gemachte, aber dennoch lesbare Briefkopf verrät, um einen Briefentwurf des 1962 verstorbenen österreichischen Autors George Saiko, eines Freundes von Broch. Irgendein Zufall hat dieses Blatt zwischen die Papiere Brochs gebracht, und als Datierungsstütze scheint es kaum geeignet zu sein. Auch der Hinweis, Frank Thieß, ein anderer von Brochs Schriftstellerfreunden, habe als ersten Teil der Trilogie den *Ur-Huguenau* kennen gelernt, trifft nicht zu. Broch hatte Thieß um 1929 auf einer Gesellschaft kennen gelernt und beteiligte sich offensichtlich auf Thieß' Anraten an einem Roman-Preisausschreiben des Kiepenheuer-Verlags. Thieß war Mitglied der Jury und zur Unterstützung von Broch bereit. Aber Broch sandte keineswegs den *Ur-Huguenau* ein, sondern eines der erhaltenen *Esch*-Manuskripte, das auf der ersten Seite den Vermerk trägt: *Für das Roman-Preisausschreiben. Kennwort Peregrinus.* Zudem berichtet Thieß an anderer Stelle: «Ich hatte das Glück, im Jahre 1929 den ersten Roman seiner *Schlafwandler*-Trilogie *Pasenow oder die Romantik* noch in der novellistischen Form im Manuskript zu lesen.»[159] Diese novellistische Urform wird von Broch in einem Brief bestätigt: *Sowohl die «Schlafwandler» als auch der «Vergil» entstanden ursprünglich aus Kurzgeschichten.*[160] Die frühen *Pasenow*-Manuskripte sind verloren gegangen, aber es besteht kein Zweifel daran, dass sie existierten, so wenn Broch 1930 schrieb: *Ich freue mich von ganzem Herzen, daß Ihnen der ‹Pasenow› noch immer gefällt, und mir tut es nur leid, daß Sie nicht die letzte Fassung in Hände haben, in der ja doch noch allerlei purifiziert worden ist […].*[161] Am deutlichsten äußerte sich Broch über die Entstehungsfolge der drei Romane in einem Brief an seine englische Übersetzerin Willa Muir: *Die Verzögerung hat sich dadurch ergeben, daß die ‹Schlafwandler› ursprünglich als einbändiger Roman konstruiert waren (so wie sie jetzt im Englischen erscheinen) und daß darin der dritte Teil als kurzer Epilog behandelt wurde. Die Dreibändigkeit der deutschen Ausgabe machte nun eine Umkonstruktion dieser Architektur notwendig, – eine Umkonstruktion, die auch schon im ‹Esch› vorbereitet werden mußte […].*[162] Der erste Teil dieses Briefs wird definitiv bestätigt von einem Brief von Brochs Verleger Daniel Brody an mich vom 3. August 1965: «Das Manuskript der *Schlafwandler*, wie es mir Broch im April 1930 zugestellt hat, enthielt die beiden ersten Bände ziemlich ausgestaltet und den *Huguenau* in wenigen Schreibmaschinenseiten mit dem Titel *Epilog.*» Broch war also 1931 offensichtlich damit beschäftigt, den *Ur-Huguenau* zu seiner endgültigen Fassung umzuarbeiten. Diese erhalten gebliebene und im Broch-

Archiv vorhandene Fassung des dritten Romanteils ist treffend so beschrieben worden: «Der ‹Ur-Huguenau› (A) ist ein Roman einsträngiger Handlung, der nur das Verhältnis Huguenau-Pasenow-Esch schildert. Es fehlen der ‹Zerfall der Werte› und die ‹Geschichte des Heilsarmeemädchens› sowie sämtliche Parallelerzählungen (Marguerite, Gödicke, Jaretzki, Hann Wendling, die Ärzte), die dem Leser der gedruckten Fassung bekannt sind. [...] Die ganze Handlung ist oberflächlicher und flüchtiger dargestellt, wobei Broch kaum versucht, aus dem Rahmen traditioneller Erzähltechniken auszubrechen.»[163] Die traditionelle Erzähltechnik lässt sich vor allem an der Funktion des Erzählers erkennen, der sich kommentierend und reflektierend einschaltet, so wenn zum Beispiel das Schlusskapitel dieser Fassung folgendermaßen eingeleitet wird: *Um dieses Epiloges willen wurde die ganze Geschichte erzählt und wohl auch der Weltkrieg geführt.* Außerdem weist diese Fassung noch den erzählerischen Odysseus-Rahmen auf, den Broch, als er 1930 während der Umarbeitung des *Huguenau* den «Ulysses» von Joyce kennen lernte, bewusst ausmerzte. *Sie werden sich erinnern, daß der ‹Huguenau› mit einer allerdings leichten Parallele zum Odysseus eingeleitet wird und daß die Odysseus-Analogie auch einige Male im Laufe der Begebenheit angedeutet wird. Halten Sie es für notwendig, das mit Rücksicht auf den ‹Ulysses› zu entfernen?*[164] Broch hat den *Ur-Huguenau* zusammen mit den ursprünglichen Fassungen des *Pasenow* und des *Esch* Ende 1929 an den S. Fischer Verlag geschickt und erhielt Anfang 1930 folgende Antwort Gottfried Bermann Fischers: «Ich bin nun heute in der Lage, zu Ihrem Buch *Die Schlafwandler* Stellung zu nehmen. Was ich Ihnen schreibe, ist nicht nur meine Meinung, sondern auch die Ansicht unseres Lektors, des Herrn Oskar Loerke, der Ihnen vielleicht bekannt sein wird. [...] Der erste Teil des Romans machte uns einen ungewöhnlich starken Eindruck. [...] Das Durcheinander von Figuren und Reflexionen (im zweiten und dritten Teil jedoch), die mit dem ersten Band in keiner fühlbaren Beziehung stehenden, neu eingeführten Gestalten lassen den Leser immer unsicherer werden, bis er schließlich führungslos sich fragt, wo eigentlich die Beziehung zwischen den einzelnen Bänden zu suchen wäre. [...] Ich muß Ihnen gestehen, daß mir trotz der Kenntnis Ihres Exposés der Sinn dieser beiden letzten Teile nicht aufgegangen ist. [...] Trotzdem möchten wir nicht unterlassen, Ihnen nahezulegen, den ersten Teil Ihres Romans logisch fortzuführen.»[165] Das Exposé, das Broch mitsandte, ist erhalten geblieben.

Wie weit diese frühe Fassung der Trilogie von der endgültigen Druckfassung entfernt ist, wird besonders an der Gestalt Huguenaus sichtbar. In Huguenau wird hier noch die Lösung des Konflikts konzipiert, er wird zum Träger der utopischen Hoffnung: *Sein Weg führt dorthin, wo die Möglichkeit des religiösen Lebenssinns liegen kann, nämlich in die Platonische Abkehr vom Realen.* Die Trilogie sollte also ursprünglich in diesem positiv akzentuierten *Huguenau*-Teil gipfeln. Deswegen hat Broch wohl auch zeitweise daran gedacht, die gesamte Trilogie *Huguenau* zu nennen. Wenn er im September 1929 an Thieß schrieb: *Es versteht sich, daß das Buch nicht mehr ‹Huguenau› heißen kann; es wird bloß der Titel des dritten Teils sein*[166], so beweist das nicht eine vor den beiden anderen Romanteilen anzusetzende Entstehung des *Huguenau*, sondern vielmehr die grundlegende Veränderung der Huguenau-Gestalt. Die in dieser Zeit erfolgende Umarbeitung wird besonders deutlich, wenn Broch 1932 nach der Umkonzeption *des Huguenau* ironisch schrieb: *Im übrigen ist es ein schwerer Irrtum, mich mit dem ‹Ich› aus dem Heilsarmeemärchen zu identifizieren, – mein Portrait, oder zumindest mein Über-Ich ist selbstverständlich Huguenau, der einzige, dem es wirklich gut geht! noch lieber wäre ich allerdings Balthasar Korn, aber man darf seine Ideale nicht zu hoch stecken!*[167] In der frühen Fassung identifizierte er sich durchaus positiv mit Huguenau. Darauf deutet auch ein Brief seines Verlegers Brody hin, der 1931 an Broch schrieb: «Im Original-‹Huguenau› ist ein Hinweis auf eine Ermöglichung der Platonischen Staatsidee – wird dies noch aufrechterhalten?»[168] Broch hat diese Züge radikal ausgemerzt.

Nach der Ablehnung durch den S. Fischer Verlag, der als der große angesehene Literaturverlag Deutschlands Brochs Lieblingsoption war, versuchte Broch, den Kiepenheuer-Verlag für sein Manuskript zu interessieren. Schließlich wurde die Trilogie in der ursprünglichen Fassung im April 1930 vom Rhein-Verlag angenommen, der damals noch am Anfang stand, durch die Übernahme der deutschen Rechte am Werk von Joyce bereits öffentliche Aufmerksamkeit gefunden hatte und an einem wichtigen deutschsprachigen Autor zur Profilierung des Programms interessiert war. Mit dem Verleger Daniel Brody verband Broch bald eine herzliche Freundschaft, und Brody ist bis zu seinem Lebensende als engagierter Anwalt Brochs tätig gewesen.

Daniel Brody (25. 12. 1883 Budapest – 7. 3. 1969 Zürich), Sohn eines jüdischen Rechtsanwalts, studierte Jura, verließ 1918 Ungarn, siedelte sich in München an. Durch seinen Schwiegervater, der Beteiligungen am Kurt Wolff Verlag, Leipzig, erworben hatte, 1920 Eintritt in den Kurt Wolff Verlag als kaufmännischer Direktor, schied 1925 aus dem Verlag aus und erwarb 1929 den Rhein-Verlag, der nicht nur die Autoren Italo Svevo, C. F. Ramuz, Ilja Ehrenburg, Iwan Goll, René Schickele und Blaise Cendrars vertrat, sondern auch James Joyce, der durch Brody im deutschen Sprachraum durchgesetzt wurde. Das literarische Programm des Rhein-Verlages wurde später durch ein geisteswissenschaftliches Programm erweitert. Seit 1934 erschienen hier die Eranos-Jahrbücher. 1963 zog sich Brody aus dem aktiven Verlagsleben zurück und war nur noch beratend für den Rhein-Verlag tätig. Die Rechte an Joyce und Broch gingen in den 1970er Jahren an den Suhrkamp Verlag über.

Die Arbeit an der endgültigen Fassung der *Schlafwandler* setzte erst nach der Annahme des Manuskripts durch den Rhein-Verlag ein. Kurz vorher, 1929, war Joyces «Ulysses» in der deutschen Übersetzung im Rhein-Verlag erschienen. Broch las das Buch und war zweifelsohne von der Lektüre beeindruckt, aber es hieße sicherlich diesen Einfluss übertreiben, wenn die nun erfolgende Umarbeitung der *Schlafwandler* als Umarbeitung nach dem Muster des «Ulysses» gesehen würde. Broch hat 1931 eher das Gegenteil betont: *Über mein Verhältnis zu Joyce kann ich bloß eines sagen: hätte ich den ‹Ulysses› gekannt, ehe ich die ‹Schlafwandler› geschrieben hatte, so wären diese ungeschrieben geblieben, da ich im ‹Ulysses› ein vollkommenes Realisat dessen sehe, was im Roman überhaupt ausdrückbar ist.*[169] Die «Ulysses»-Lektüre wirkte sich sogar hemmend auf seine Produktion aus. Im April 1930 äußerte er: *Dies aber ist auch die Gefahr, die Joyce für mich bedeutet: seit ich den ‹Ulysses› gelesen habe, stocke ich mit der Arbeit […] weil ich eben eine Parallelität der Bestrebungen und einen zu großen Abstand in den Ausfüh-*

rungsmöglichkeiten sehe.[170] Aber schon im Juli 1930 schwächte sich dieser Eindruck von der einschüchternden Joyce-Lektüre so weit ab, dass Broch nur noch bedingt eine *Parallelität der Bestrebungen* anerkannte und vielmehr auf einen entscheidenden Unterschied hinwies: *Was ich anstrebe und was in den «Schlafwandlern» erst angedeutet ist, ist ja doch etwas, das nicht in der Richtung Joyce liegt (etwas, das mir im Schrecken über Joyce abhanden gekommen war), nämlich der ‹erkenntnistheoretische Roman› statt des psychologischen, d. h. der Roman, in dem hinter die psychologische Motivation auf erkenntnistheoretische Grundhaltungen und auf die eigentliche Wertlogik und Wertplausibilität zurückgegangen wird, genauso wie es die Aufgabe der Philosophie gewesen ist, sich vom Psychologismus frei zu machen.*[171] Schärfer lässt sich der Unterschied zwischen Joyces und seiner Intention nicht herausstellen. In der Tat liegt das, *was in den «Schlafwandlern» erst angedeutet ist,* nämlich die Durchdringung mit seiner Wertphilosophie, völlig abseits von Joyce. Paradox genug wird dieser fundamentale Unterschied zu Joyce von Broch erst nach der «Ulysses»-Lektüre im dritten Band der *Schlafwandler* umgesetzt, nämlich durch die Einbeziehung des *Zerfalls der Werte.* Auch an *Pasenow* wurden Änderungen vorgenommen, jedoch bei weitem keine so tief greifenden. Der ursprüngliche Charakter des Romans blieb erhalten: *Teil I ist von den heute sehr vereinfacht erscheinenden Formen der Romantik eingeschlossen. Es ist eine möglichst harmlose Erzählung von gleichmäßigem Tempogefälle und fast ungebrochener naturalistischer Färbung.*[172]

Das Berlin des ausgehenden 19. Jahrhunderts, die Welt des preußischen Landadels und des Militärs, ist die Folie der Handlung, in deren Mittelpunkt der junge Premierleutnant Joachim von Pasenow steht. Die Tradition ist für ihn bereits fragwürdig geworden: Die Vatergestalt des alten Pasenow, dessen Bild Züge von Brochs eigenem Vater aufweist, bezeugt es. Aber der Verlust der Wirklichkeit wird nicht reflektiert, sondern durch die Flucht in die absterbenden Formen der Tradition umgangen. Die Uniform ist das Sinnbild dieser Haltung, die in ihrem Kern – die Erhöhung eines irdischen Requisits zum Absoluten – für Broch die Romantik schlechthin charakterisiert. Das mühsam gewonnene Gleichgewicht Joachim von Pasenows wird von zwei Menschen gefährdet. Da ist der Freund Eduard von Bertrand, der, Pasenow in der unbewussten Erfahrung des Wirklichkeitsverlustes verwandt, seinen Abschied vom Militär genommen hat und Kaufmann geworden ist, aber in seiner Lebenseinstellung weiterhin reflexhaft funktioniert und nicht reflektiert. An die Stelle der alten Fiktionen ist bei ihm eine neue getreten: die einer ästhetischen Lebenshaltung. Und da ist Ruzena, ein böhmisches Animiermädchen, mit dem Pasenow eine echte Liebesbeziehung verbindet, ohne dass er zu dieser Erfahrung steht. Ruzena ist für ihn ein Mensch einer anderen Welt, der Welt des Anarchischen und Verderblichen, die seiner eigenen Welt entgegengesetzt ist. So wie sich hier das Menschliche in Ruzena für ihn verzerrt, verzerrt er auch auf der andern Seite das Bild seiner Frau Elisabeth. Sie, die als Tochter des benachbarten Gutsbesitzers zur selben Kaste gehört, wird für ihn zum Idol des Reinen, zur Engel-Gestalt. Er hat sie geheiratet, als er gewahr wurde, dass auch Bertrand Elisabeth liebt. Pasenow glaubt, sie vor Bertrand retten zu müssen. Auch Bertrand ist ein Gefangener seines Bewusstseins. Er vermag nicht aus seiner ästhetischen Lebenshaltung auszubrechen und verzichtet auf Elisabeth. Die Schlussszene des Romans ist in ihrer lapidaren Eindringlichkeit von höchster Konsequenz: Pasenow verbringt die Hochzeitsnacht in seiner Offiziersuniform vor dem Bett seiner Frau. In den Widerstreit beider Fiktionen gestellt, der Glorifizierung der Uniform und der Idolisierung der Liebe, vermag er nicht zu einer Entscheidung zu kommen. Das Gleichgewicht, das er zu halten bemüht ist, entlarvt sich als Farce.

Änderungen, die Broch im *Pasenow* vornahm, betrafen unter anderem Bertrand: *Vor allem die Gestalt Bertrands wird im ersten Buch etwas schärfer beleuchtet […].*[173] Ebenso wurden die Dialoge zwischen Elisabeth und Bertrand vertieft: *Bei den Gesprächen Bertrand–Elisabeth hat es sich mir darum gehandelt, die Abgeschlossenheit der Fontane-Stimmung zu durchbrechen – das Fenster zu den folgenden Teilen aufzumachen, zu zeigen, daß Bertrand hier ein Fremder ist, und sein Schicksal erst abrollen muß – dies alles aber in der Geschlossenheit des «Pasenow» unterzubringen. […] Ich habe mich mit diesen beiden Kapiteln sehr geplagt und bin überzeugt, daß hier noch einiges zu machen ist.*[174] Bemerkenswert ist der Hinweis auf die *Fontane-Stimmung* des *Pasenow*, die Broch also durchaus bewusst war. 1930 äußerte er dagegen seinem Verleger gegenüber: *Zu meiner Schande muß ich beschwören, daß ich niemals Fontane gelesen habe.*[175] Auch an anderer Stelle wandte sich Broch gegen den Vorwurf einer Fontane-Imitation, den ihm vor allem der Kritiker Paul Fechter in seiner Besprechung des Buches gemacht hatte: *Unnötig zu betonen, daß die Übereinstimmung zwischen dem Stil Fontanes und dem im «Pasenow» verwendeten von zahlreichen Rezensenten hervorgehoben wurde. […] Natürlich imitiere ich ihn [Fontane] nicht (und das umsoweniger, als ich mein ganzes Leben hindurch ein instinktives Unbehagen an Fontanes Einstellung empfand, was mich in der Tat davon abhielt, viel von ihm zu lesen). […] Ich bemühe mich einfach, mich so intensiv, wie ich konnte – tatsächlich mit einer fast trancehaften Intensität – auf die Szenerie und die Atmosphäre der «Pasenow»-Zeit zu konzentrieren. Daß diese dargelegte Methode tatsächlich einen Stil geschaffen hat, der nun mit dem faktischen Stil jener Zeit identisch zu sein scheint, erscheint in meinen Augen als positiver Beweis, daß ich bei der Durchführung dieser Methode auf dem richtigen Wege war […].*[176] Besonderes Gewicht legte Broch bei der Nacharbeit des *Pasenow* darauf, die Gestalt der Elisabeth schärfer zu konturieren. Als bereits die Druckfahnen des *Pasenow* vorlagen, entschloss er sich, dem Teil II des *Pasenow* einen neuen Abschnitt hinzuzufügen, der im Wesentlichen aus Reflexionen Elisabeths besteht. *Ich habe jetzt ein Kapitel dazugedichtet. […] Aus künstlerischen Gründen ist mir das Kapitel sehr willkommen, da ich die Gestalt der Elisabeth etwas vertiefen konnte […].*[177] Zwar gab es noch ziemlich *viele Fahnenkorrekturen*[178] im *Pasenow*, aber bereits am 4. November 1930 äußerte Broch: *Ich bin jetzt durchaus mit dem «Pasenow» zufrieden; er ist ein sehr gutes Buch geworden.*[179]

Noch während der Umarbeitung des *Pasenow* berichtete Broch am 31. August 1930 über den zweiten Teil des Romans: *Hingegen ist der «Esch» […] derart durchgearbeitet, daß es außer Druckfehlern kaum etwas zu berichtigen geben wird.*[180] Das war, wie sich zwei Monate später herausstellen sollte, ein Irrtum. Am 31. Oktober 1930 heißt es bereits: *Jetzt bin ich mit Hochdruck wieder beim «Esch» und in den leidigen Traumkapiteln.*[181] Am 4. und 16. November war er noch immer nicht weitergekommen: *Die Traumstücke machen mir noch Kopfzerbrechen.*[182] Am 14. Januar 1931 schrieb er voll Zuversicht: *Mit dem «Esch» also sind wir glücklich über den Berg. […] Der «Esch» ist ein Roman ganz großen Stils geworden […].*[183] Aber im März ist dann plötzlich von *katastrophalen «Esch»-Korrekturen* die Rede: *Der ‹Esch› ist ein ungeheuer kompliziertes Buch, und es war – wie ich jetzt hinterher sehe – kein Wunder, daß es in ihm noch offene Wunden gegeben hat.*[184] Der Grund für diese neuen Änderungen im *Esch* lag in der gleichzeitig voranschreitenden Umarbeitung des dritten Romanteils: *Dazu kam noch, daß er teilweise mit dem neugebauten ‹Huguenau› in Übereinstimmung gebracht werden mußte. Ich kann Ihnen Punkt für Punkt nachweisen, daß das, was geschehen ist, wohlgetan war.*[185] Aber auch danach neigte Broch noch immer dazu, zusätzliche Änderungen anzubringen. Er bekannte selbst: *Ich fürchte, daß mich die Korrekturleidenschaft nochmals packen könnte […].*[186] Sein Verleger bestätigte das auf ironische Weise: «Wenn ein gewisser Hermann Broch anfängt, an seinen Manuskripten zu feilen und zu bosseln, dann wissen nur die Götter, wo er mündet.»[187] Noch 1932, als die deutschen Ausgaben des *Pasenow* und des *Esch* bereits erschienen waren, versuchte Broch, Änderungen in der vorbereiteten englischen Ausgabe anzubringen, die damals von den Muirs erarbeitet wurde: *Diesmal hat es sich allerdings bloß darum gehandelt, ob man gewisse Motive aus dem Epilog nicht schon in die vorhergehenden Bücher hineinarbeiten müßte. Daß der Epilog zum großen Teil aus solchen Leitmotiven besteht, brauche ich ja nicht weiter zu erwähnen. Da aber die «Schlafwandler» mir allzufrüh vom Schreibtisch gewandelt sind, so hat der Epilog manches in sich, dem ich längere Wurzeln gewünscht hätte. Für die deutsche Ausgabe ist natürlich nichts mehr zu machen, es sei denn für eine umgearbeitete zweite Auflage. Und die englische Ausgabe*

Ein Mann schrieb dieses Buch, der noch nicht gesehen hat, dass es heute darauf ankommt, endlich aus der ganzen schauerlichen Bildungsliteratur, in die wir von neuem hineingesunken sind, hinauszukommen, nicht noch tiefer in dieser doch immer nur pseudo-exakten Gescheitheit zu versinken, die vor dem ersten besten mathematischen oder naturwissenschaftlichen Werk von heute vollkommen hinfällig und belanglos wird.

Paul Fechter in der «Deutschen Allgemeinen Zeitung», 1. 6. 1932 *darf von der deutschen nicht allzuviel divergieren. [...] Ich habe über die Frage nachgedacht, habe «Esch» und «Pasenow» gelesen und bin schließlich sehr bescheiden geworden. D. h. ich möchte auch dies nur, soweit es Ihnen noch möglich, bloß die Vokabel vom «Verlorenen Geschlecht» in den beiden ersten Bänden anbringen.*[188] Broch hatte schon vorher bestimmte Leitmotive nachträglich in die beiden ersten Teile der deutschen Ausgabe eingearbeitet. Wenn von einem gewissen Einfluss des «Ulysses» auf *Die Schlafwandler* gesprochen werden kann, so am ehesten unter diesem Aspekt. Gerade die Leitmotivtechnik sah Broch souverän gehandhabt im «Ulysses». In der Zielsetzung jedoch, die Broch auch bei der Umarbeitung des *Esch* im Auge hatte, rückte er den Unterschied zu Joyce erneut in den Vordergrund, indem er die erkenntnistheoretische Absicht seines Romans betonte: *Was ich mit dem «Esch» gewollt habe – die sozusagen erkenntnistheoretischen Gründe aufzuzeigen, die, aus dem Boden des Irrationalen herauswachsend, zu den Ur-Ideen alles Religiösen, der Opferung, der Selbstopferung zur Wiedererlangung des Standes der Unschuld in der Welt führen – diese religionsphilosophische Grundtendenz erschien mir in den bisherigen Fassungen zu wenig unterstrichen [...] Daß der Durchschnittsleser fragen wird, wie ein so einfacher Mann wie der Esch auf so differenzierte Haltungen geraten könne [...]. Nun konnte ich zur Exemplifizierung derartiger Haltungen bloß einen ganz einfachen Menschen wählen [...] weil die religiösen Urtriebe und Irrationalismen keine Intellektualisierung ihres Werdens und Realisierens vertragen.*[189]

Ist im *Pasenow* noch eine gewisse Gradlinigkeit der Handlung festzustellen, so ist die Fabel des *Esch* bereits komplizierter. Im *Pasenow* sind die Formen der Tradition trotz ihrer Erstarrung noch existent, im *Esch* sind sie auch äußerlich bereits verschwunden. Eine neue Phase des Wirklichkeitszerfalls – fünfzehn Jahre sind seit dem ersten Romanteil vergangen – wird vorgeführt. Die Handlung spielt in der Welt des Kleinbürgertums, der Schicht also, in der sich die Zeichen der Zeit, ökonomische Unsicherheit und soziale Entwurzelung, am direktesten ausprägen. Der Buchhalter Esch verliert in Köln ohne Verschulden seine Stellung. Das wird zur Grunderfahrung für Esch. Obwohl er leicht eine neue Anstellung in Mannheim findet, erkennt er nun in allen Bereichen der Wirklichkeit Unstimmigkeiten: Buchungsfehler. Er versucht, der Schuld auf die Spur zu kommen, aber auch er ist ein Opfer seines Bewusstseins. Er vermag nur innerhalb seines kaufmännischen Begriffssystems zu denken. Erkenntnis bleibt ihm verwehrt. Stattdessen nimmt er zu utopischen Erwartungen Zuflucht. Wie für Pasenow wird auch für ihn die Liebe – nun auf der Ebene des Geschlechtlichen – zur verwitweten Mutter Hentjen, einer Kneipenwirtin von einer erdhaften unerotischen Ausstrahlung, zur Ersatzlösung. Daneben tritt die utopische Hoffnung auf einen Neubeginn in einer anderen Welt: der Plan, nach Amerika zu gehen. Esch mystifiziert das Geschlechtliche in seiner Beziehung zu Mutter Hentjen, und ebenso werden ihm banale Anlässe zu Folien religiösen Erlebens. Das Mädchen Ilona, das sich allabendlich einem Messerwerfer als Zielscheibe bei seinen Vorführungen stellt, gibt ihm den Gedanken des Opfers ein, das der Welt zur Unschuld zurückverhelfen könnte. Doch dieser Gedanke bleibt ein dumpfes Postulat. Esch, von sexueller Triebhaftigkeit bestimmt, mit dem Dirnen- und Zuhälter-Milieu vertraut und Arrangeur von Damenringkämpfen, bleibt in diese Welt verstrickt. Ergebnislos bleibt auch seine Suche nach einem Hauptschuldigen, für den er Bertrand hält, der, inzwischen zu industriellen Würden aufgestiegen, abgeschieden von der Welt in einem Schloss in Badenweiler residiert. Der zunehmenden Loslösung Bertrands von der Welt entspricht eine Steigerung seiner ästhetischen Lebenshaltung: bis zur Konsequenz der Homoerotik. Esch sucht Bertrand auf, um ihn zur Rechenschaft zu ziehen. Aber während Bertrand, bereit zur letzten Konsequenz, Selbstmord begeht, bleibt Esch weiterhin in seinen Ersatzlösungen verhaftet: in der Beziehung zu Mutter Hentjen, die er heiratet, und in seinen sektiererischen Gedanken.

Bei weitem am längsten wurde Broch jedoch von der Umarbeitung des *Huguenau* beansprucht. Das Ergebnis bezeugt es. Die noch konventionelle Romanform des *Ur-Huguenau* wurde in der endgültigen Fassung völlig verändert, und die *architektonische Vielstimmigkeit*[190] des *polyhistorischen Romans*[191], wie Broch sie später programmatisch beschrieb, erscheint hier als Kalkül seiner Darstellung. Dabei war Broch, wie schon an der ursprünglichen Konzeption der Huguenau-Gestalt deutlich wurde, durchaus nicht von allem Anfang klar, worauf er hinauswollte. Der Umbau vollzog sich in Etappen, und es gab Pausen der Ratlosigkeit zwischendurch. Am 31. August 1930 erwog Broch, den ursprünglichen Odysseus-Rahmen des *Ur-Huguenau* fallen zu lassen: *Weiters stehe ich vor dem Problem, ob der ‹Huguenau› nicht etwa doch um 20 Seiten bereichert werden soll, besonders da der ‹Esch› nun auch etwas stärker geworden ist und die Disproportion doch ziemlich groß ist. Der Band wurde ja aus diesem Grunde ‹Epilog› genannt. Diese Bereicherung könnte durch die Einführung einer neuen Person – ich denke dabei an eine Pflegetochter Eschs – erzielt werden; eine Figur, die ich leicht zum Zielpunkt der verschiedenen psychischen Tendenzen (fortgeführt aus den beiden ersten Bänden) ausgestalten könnte.*[192] Wenn Broch vierzehn Tage später schrieb: *Den Huguenau arbeite ich mit Doppelschicht*[193], so war er vor allem damit beschäftigt, die Gestalt der Marguerite mit dem Geschehen des dritten Bandes von Anfang an zu verflechten bis hin zum 82. Kapitel, das ihren Ausbruch in die Welt schildert: *Das Schlafwandeln der Unendlichkeit ist über sie gekommen und wird sie nie mehr freigeben.*[194] Noch mit dieser ersten Phase der Umarbeitung beschäftigt, berichtete Broch am 27. September 1930: *Jetzt habe ich mich derart in den «Huguenau» hineingelebt, daß ich einen Roman von 300 Seiten daraus machen könnte.*[195] Das heißt: er erwog, die ursprüngliche Fassung des *Huguenau* zu verdoppeln. Im selben Brief erwähnt er als Anregung Dos Passos: *Haben Sie schon den neuen Dos Passos gelesen? Kein Joyce, aber virtuos.*[196] Drei viertel Jahr später, noch immer mit der Umarbeitung des *Huguenau* beschäftigt, schrieb er: *Natürlich kann ich mir die neue Form [...] nicht vorstellen [...]. Wenn ich mir undeutlich darunter etwas vorstelle, so wäre es etwa die Methode, die Dos Passos [...] anwendet, diesen breiten schillernden Querschnitt durch das Lebendige mit verkürztem Tempo, jedoch [...] zum Unterschied von Dos Passos herausgehoben aus dem Empirischen, mit einem abgebrauchten Wort gesagt, «durchgeistigt». Aber das sind bloß vage Vorstellungen, bloß dadurch entstanden, daß ich mir die Frage vorlegte, wer neben dem amerikanischen Querschnitt des Dos Passos ein ähnliches europäisches Buch schreiben könnte [...].*[197] Broch bezieht sich auf «Manhattan Transfer», das 1927 in deutscher Übersetzung erschienen

John Dos Passos

war und New York mittels der Montage-Technik zum erzählerischen Schnittpunkt eines Welt-Alltags macht, der die heterogensten Personen und Geschichten simultan zusammenbindet. Broch sah sich hier erzählstrukturell in einer gewissen Affinität zu Dos Passos. Denn die zu dieser Zeit konzipierten Parallelgeschichten wurden in der Dos-Passos-Technik in den *Huguenau* eingearbeitet. Am 14. Januar 1931 erwähnt Broch *vier eingeschobene neue Kapitel*[198], und es darf vermutet werden, dass es sich dabei um die Geschichten um Gödicke, Jaretzki, Hanna Wendling und die Ärzte handelt. Broch hat sie jeweils als Einzelgeschichten geschrieben und dann unter ständigen Änderungen stückweise in den Roman eingebaut. Das Ergebnis war, dass sich seine Voraussage vom September 1930 erfüllte: Der Umfang des *Ur-Huguenau* hatte sich verdoppelt. Am 5. Juni 1931 schrieb er: *Im übrigen gilt jetzt alle Sorge und alle Arbeit dem «Huguenau», der auf 300 Seiten angeschwollen ist, von Tag zu Tag komplizierter in seiner Architektonik wird und mir eigentlich Freude bereiten würde, wenn ich etwas mehr Zeit vor mir hätte.*[199] Brochs ungemein geduldiger und verständnisvoller Verleger Brody kommentierte diese Erweiterung so: «Verglichen mit dem ersten Entwurf des *Huguenau* ist das ein kolossaler Fortschritt. Es ist ein ganz anderes Buch geworden, wenn auch der Gang der Ereignisse derselbe blieb; die neuen Gestalten illustrieren ja bloß das, was sie mit dem *Huguenau* zu sagen haben.»[200] Wenn Broch allerdings am 20. April 1931 meinte, *Das wichtigste: Der «Huguenau» ist in Rohschrift ziemlich fertig*[201], so sollte auch das eine Täuschung sein, denn es fehlte noch der Einbau der Geschichte des *Heilsarmeemädchens* und des *Zerfalls der Werte.* Zwei Monate später heißt es dann bei Broch: *Ich stecke so tief und intensiv im «Huguenau», daß ich nicht zum Schreiben komme, d. h. es ist mir eine zu große Anstrengung, überhaupt an etwas anderes zu denken.*[202] Zwei Monate später hatte sich die Intensität seiner Arbeitssituation nicht verändert: *Im übrigen stecke ich weiter in täglich fünfundzwanzigstündiger Arbeit [...].*[203] Das Resultat ist die *Heilsarmeemädchen*-Geschichte, die Broch offenkundig zu dieser Zeit schrieb und dem Manuskript stückweise eingliederte. Das bestätigt auch der Kommentar Daniel Brodys: «Ich kann heute kaum mehr sagen, höchstens so viel, daß die neuen Figuren, die Ärzte und die Patienten und Hanna Wendling, sowie die polnischen Juden fabelhaft scharf und eindringlich gemeißelt erscheinen. Über das Heilsarmeemädchen und den betreffenden Jüngling kann ich noch nichts sagen, weil die Beiden persönlich eigentlich noch nicht hervorgetreten sind.»[204] Zu dieser Zeit dachte Broch offensichtlich noch nicht daran, den theoretischen Exkurs des *Zerfalls der Werte* einzubauen. Eine Woche später wird dieser Teil zum ersten Mal erwähnt. Das Überraschende ist, dass Broch den *Zerfall* ursprünglich als Abschluss der Trilogie plante, sozusagen als theoretische Rechtfertigung der Gestaltung: *Zum «Zerfall der Werte»: er ist so gearbeitet, daß er, herausgehoben aus dem Ganzen, einen selbständigen Aufsatz darstellt (wie ja jede einzelne der durcheinanderlaufenden Geschichten in sich geschlossen ist!). Seine besondere Bedeutung hat er hier, da er ja die intellektuelle ‹Sachlichkeit› der Gesamttrilogie manifestiert – konstruktiv überdies derart, daß er zum Schluß alle Motive des «Huguenau» in sich aufnimmt und damit den Roman beschließt. Ich glaube, daß es artistisch sehr gut geglückt ist. [...] Eventuell könnte man den ‹Zerfall› in ein paar Exemplaren separat drucken und für Rezensenten als Einführung benutzen.*[205] Wie die Paginierung des erhaltenen Arbeitsexemplars Brochs bezeugt, waren jedoch erst die ersten neun Abschnitte des theoretischen Teils geschrieben. Die Erweiterung setzte ein, als Broch die Idee fasste, den *Zerfall* nach dem Modell der Parellelgeschichten direkt in den Roman einzubauen. Das geschah bereits einen Tag später: *Es ist also ganz ausgeschlossen, den «Zerfall» anders einzugliedern, als es geschehen ist. Ganz abgesehen davon, daß er in fortlaufender Kontrapunktik zu der «Heilsarmee» komponiert ist und mit ihr auch in einem inhaltlichen Zusammenhang steht, so werden Sie auch bemerken, daß jedes dieser ‹wissenschaftlichen› Kapitel mit dem vorangehenden und dem ihm nachfolgenden in einer Art kombinierenden Konnex gesetzt worden ist.*[206] Es ist bezeichnend für Broch, dass alle Zufallsmomente, die an der Entstehung der Trilogie auch beteiligt waren, durch ein dichtes Netz von Plausibilisierungen zum Verschwinden gebracht werden sollen, was die Überzeugungskraft seiner Begründungen keineswegs unanfechtbar macht. Sein Verleger war denn auch keineswegs von dieser Erweiterung angetan: «Die wissenschaftliche Abhandlung *Der Zerfall der Werte* stört nach meiner Ansicht den sonst außerordentlich flüssigen Ablauf des Romans [...].»[207] In der Verteidigung dieser Erweiterung wurden Broch erst eigentlich die Folgerungen daraus für die Romanform bewusst: *Ich komme immer wieder zu dem Schluß, daß die Erkenntnisbreite des Gesamtwerkes durch diese Kapitel eine Ausdehnung erfahren hat, wie sie in der Belletristik bisher nicht vorhanden gewesen ist. [...] Wenn der «Zerfall» eine neue Romanform inauguriert (N. B. nicht einmal ganz neu, denn der «Wilhelm Meister» zeigt ähnliche Ansätze), so sind seine Kapitel eben reguläre Romankapitel [...].*[208] Aber die Weiterarbeit am *Zerfall* schritt selbst nicht so rasch voran. Besonders der 5. und 6. Abschnitt bereiteten ihm Mühe: *Ich mußte die beiden ominösen Kapitel 34 und 44 («Zerfall» 5 und 6) nochmals umarbeiten. Jetzt stehen sie. Bitte reihen Sie sie in Ihr Exemplar ein und vernichten Sie die alten Fassungen.*[209] In einem andern Brief bezeichnet er diese Kapitel als die *beiden abstraktesten*[210]. Das ist bemerkenswert. Denn gerade im 6. Kapitel des *Zerfalls* wird der Prozess der sich auflösenden mittelalterlichen Wertehierarchie, die Absolutsetzung der einzelnen Partialwertsysteme mit aller Deutlichkeit herausgestellt: *Gleich Fremden stehen sie nebeneinander, das ökonomische Wertgebiet eines ‹Geschäftemachens an sich› neben einem künstlerischen des l'art pour l'art, ein militärisches Wertgebiet neben einem technischen oder einem sportlichen, jedes autonom, jedes ‹an sich›, ein jedes in seiner Autonomie ‹entfesselt›, ein jedes bemüht, mit aller Radikalität seiner Logik die letzten Konsequenzen zu ziehen und die eigenen Rekorde zu brechen.*[211] Und wenn der Mensch, der in diese Situation gestellt ist, am Ende des Kapitels so beschrieben wird: *Ein Berufsmensch, aufgefressen von der radikalen Logizität des Wertes, in dessen Fänge er geraten ist*[212], so wird als künstlerische Exemplifizierung dafür die Gestalt Huguenaus sichtbar, dessen ursprüngliche utopische Funktion damit ins Gegenteil verkehrt wird. Im November 1931 äußerte Broch: *Ich weiß nicht, ob ich Ihnen bereits gesagt habe, daß das «Huguenau»-Manuskript dreimal hintereinander geschrieben worden ist […].*[213] Aber die Arbeit war immer noch nicht abgeschlossen, da es galt, anstelle des *Zerfalls* einen neuen Schluss zu finden. Im Januar 1932 berichtete Broch: *Der Epilog ist jetzt endlich das, was ich will, was Sie wollen müssen, es ist der symphonische Ausklang der 1000 Seiten «Schlafwandler». Es war Qual, die sich gelohnt hat (sieben Mal umgeschrieben), und ich bin jetzt voll der besten Hoffnung für unser neues Jahr.*[214] Aber erst im Februar 1932 war auch der Schluss vollendet: *Hier ist aber nun endlich die endgültige Fassung, definitiv, eisern, steinern […].*[215] Doch selbst im März 1932 heißt es noch: *In München also habe ich noch einiges in den «Huguenau» hineingeflickt.*[216] Während die ursprüngliche Skizze zum *Huguenau* nach einer Mitteilung Brodys aus «wenigen Schreibmaschinenseiten mit dem Titel *Epilog*»[217] bestand, war nun ein Roman entstanden, dessen formale Vielschichtigkeit sich auch in einem äußerst verschlungenen Handlungsgeflecht spiegelt.

Der Wert- und Wirklichkeitszerfall hat sich mit dem Ausbruch des Ersten Weltkrieges zur Katastrophe gesteigert. Der Schauplatz des dritten Romanteils ist ein kleines moselländisches Städtchen, in dem Joachim von Pasenow Stadtkommandant ist und Esch eine kleine Zeitung betreibt. Esch und Pasenow finden in ihrer sektiererischen Religiosität zueinander, ohne noch für die Realität Augen zu haben, deren sich Huguenau, skrupelloser und geschäftstüchtiger Repräsentant seiner Zeit und ohne jegliche Wertbindung, bemächtigt. Er bekommt durch einen geschickten Schachzug Eschs Zeitung in die Hand, rückt zur angesehenen Persönlichkeit des Städtchens auf, drängt Pasenow, als der von Huguenaus Desertion erfährt, in die Enge, bringt beim Ausbruch der Novemberrevolution 1918 Esch hinterrücks um, vergewaltigt Mutter Hentjen und verlässt das Städtchen als Begleiter des wahnsinnig gewordenen Pasenow. Als der Krieg zu Ende ist, bringt er Mutter Hentjen durch einen kaufmännischen Trick um den Rest ihres Vermögens und entwickelt sich, unbelastet von jeder Erinnerung, zu einem honorigen Familienvater und Bürger. Der Prozess des Wirklichkeitszerfalls, zu dessen Opfern Esch und Pasenow werden, wird in einer Reihe von eingeflochtenen Einzelgeschichten variiert. Da ist die Geschichte des Maurers Gödicke, der, als Soldat verschüttet und nur durch Zufall am Leben geblieben, bruchstückweise sein Bewusstsein zurückerlangt; da ist der amputierte Leutnant Jaretzki, der die Erfahrung der Sinnlosigkeit in Alkohol und Sarkasmus ertränkt; da sind die Lazarettärzte, denen die Absurdität ihrer Hilfe zunehmend bewusst wird; da ist Hanna Wendling, die sich allmählich der Wirklichkeit, ihrer Ehe und sich selbst entfremdet; da ist die größtenteils in Sonettform geschriebene Liebesgeschichte des Heilsarmeemädchens mit einem Juden in Berlin, eine Liebesgeschichte, die ohne Erfüllung bleibt. Kontrapunktisch, in Entsprechung zum jeweiligen Stadium des Wirklichkeitszerfalls auf den einzelnen Erzählebenen, sind die Reflexionen vom *Zerfall der Werte* eingebaut, die das, was von keiner Gestalt des Romans als Erkenntnis geleistet werden konnte, unvermittelt und die Romanform übersteigend, als Erkenntnis artikulieren.

Broch hat die Schlussfassung des *Huguenau* folgendermaßen kommentiert: *Nur kurz den üblichen Selbstkommentar, von dem Sie sich bei der Lektüre nicht beeinflussen lassen dürfen: im «Huguenau» ist eine neue Technik versucht, und ich habe den Eindruck (allerdings ist er mir noch zu nahe, um völlig klar zu sein), daß der Versuch gelungen ist. Das Buch besteht aus einer Reihe von Geschichten, die alle das gleiche Thema abwandeln, nämlich die Rückverweisung des Menschen auf die Einsamkeit – eine Rückverweisung, die durch den Zerfall der Werte bedingt ist – und die Aufzeigung der neuen produktiven Kräfte, die aus der Einsamkeit entspringen, wenn sie tatsächlich manifest geworden sind. Diese einzelnen Geschichten, untereinander teppichartig verwoben, geben jede für sich eine andere Bewußtseinslage wieder: sie steigen aus dem völlig Irrationalen («Geschichte des Heilsarmeemädchens») bis zur vollständigen Rationalität des Theoretischen («Zerfall der Werte»). Zwischen diesen beiden Polen spielen die übrigen Geschichten auf gestaffelten Zwischenebenen der Rationalität. Auf diese Art wird die Sinngebung der Gesamttrilogie erzielt, und ebenso wird der metaphysisch-ethische Gehalt […] mit aller Deutlichkeit zum Ausdruck gebracht. Ich bin mir ziemlich bewußt, daß das Buch ein Novum für den literarischen Ausdruck ist, sicherlich auch ein Wagnis. Ich habe mich zwar bemüht, das Revolutionäre zu verschleifen und für den Verleger eine ‹Normalität› zu erzielen, die von dem hoffentlich kaufenden Publikum noch geschluckt und kapiert wird, aber allzuweit darf man mit solchen Konzessionen nicht gehen.*[218]

Broch sollte nur zu Recht behalten. Zuerst schienen die Vorzeichen durchaus günstig zu sein. Nicht nur Brochs Freunde wie Frank Thieß, Schwenk, Burgmüller setzten sich für die *Schlafwandler* ein, sondern zum Beispiel auch Hermann Hesse. Daniel Brody berichtete in einem Brief aus dem Jahre 1932 an Broch: «Ich habe nämlich eben die Besprechung (von Hans A. Joachim in der ‹Neuen Rundschau›) gelesen […]: ‹Ich kenne nur einen Dichter, ich spreche von Hermann Broch. Er ist geeignet, einen alten Glauben wiederaufleben zu lassen. Ich meine den Glauben an das Genie. […] Dieser Roman hat einen Schöpfer. […] Die Gesetze seiner Kunst sind nicht zu leugnen. Sie sind die der Natur. Dieser Dichter scheint dem lieben Gott ähnlich zu sein.›»[219] Der renommierte Kritiker Paul Fechter

[…] es entstehen gerade im interessantesten, wichtigsten dritten Bande ein paar Dutzend Seiten von geradezu schlechter Arbeit, nahe schon beim Kolportageroman: die ganze Erzählung vom November 1918 steht literarisch sehr viel tiefer als das übrige Werk. […] [der] Zerfall der Werte im dritten Band […] ist geistig das Kernstück des Werkes. Diese nach ruhiger Formulierung strebenden, aber von Aktualität und Leidenschaftlichkeit gehetzten Kapitel über den Geist und das Gesicht der Epoche, die schönen Seiten über Stil in der Mathematik und Logik, die farbigen über den Charakter der Renaissance, die Deutung der Reformation und der deutschen idealistischen Philosophie sind eine ungewöhnlich anregende Lektüre.

Hermann Hesse in der «Neuen Zürcher Zeitung», 15. 6. 1932

jedoch, der bereits den *Pasenow* als Fontane-Imitation und den *Esch* als Heinrich-Mann-Nachahmung abgetan hatte, stellte seine Besprechung unter den doppeldeutigen Titel «Trilogie des Zusammenbruchs»: «Ein Mann schrieb dieses Buch, der noch nicht gesehen hat, dass es heute darauf ankommt, endlich aus der ganzen schauerlichen Bildungsliteratur, in die wir von neuem hineingesunken sind, hinauszukommen, nicht noch tiefer in dieser doch immer nur pseudo-exakten Gescheitheit zu versinken, die vor dem ersten besten mathematischen oder naturwissenschaftlichen Werk von heute vollkommen hinfällig und belanglos wird. [...] Das Ganze ist aber zuletzt nicht, wie der Verfasser meint, Beispiel einer neuen Form und neuen Technik – es ist Nachhall einer mehr versinkenden Vergangenheit.»[220]

Wie sehr diese Besprechung an der Absicht Brochs vorbeiging, verdeutlicht besonders der Vorwurf der «Bildungsliteratur». Die *Schlafwandler* waren geradezu gegen die konventionelle Bildungsliteratur geschrieben, und Broch hat das auch ausführlich und einleuchtend begründet: *Die Polyhistorisierung des Romans macht allenthalben Fortschritte (Joyce, Gide, Th. Mann, in letzter Derivation Huxley). Aber diese Romanschreiber – mit Ausnahme Joyces – haben keinen rechten Begriff von der Wissenschaft: sie versuchen, ‹Bildungselemente› im Roman unterzubringen – [...]. Demgegenüber mache ich nun den Versuch, und das ist vor allem das ‹Wagnis›, von dem ich sprach,*

Der letzte Roman der «Schlafwandler» (Huguenau oder die Sachlichkeit), der die Tendenz zur Synthese und die Verwandlung der Form am weitesten treibt, ruft in mir außer bewundernder Freude auch ein gewisses Gefühl des Unbefriedigtseins wach:
– die «polyhistorische» Absicht macht eine elliptische Technik erforderlich, zu der Broch noch nicht gefunden hat; die architektonische Klarheit leidet darunter;
– die verschiedenen Elemente (Verse, Erzählung, Aphorismen, Reportage, Essay) werden eher aneinander gereiht als zu einer echten «polyphonischen» Einheit zusammengeschweißt;
– der exzellente Essay über den Zerfall der Werte kann, obwohl er als ein von einer Figur geschriebener Text präsentiert wird, leicht als Darlegung des Autors, als Wahrheit des Romans, als seine Zusammenfassung, seine These verstanden werden und dadurch die für den romanesken Raum unabdingbare Relativität beeinträchtigen.

Milan Kundera in: «Notizen anlässlich der ‹Schlafwandler›», 1986 *lebendige Wissenschaft im Roman unterzubringen, einesteils indem ich sie immanent in eine Handlung und in Figuren unterbringe, die mit ‹Bildung› nichts mehr zu tun haben, bei denen also die fürchterlichen Bildungsgespräche nicht geführt werden, andererseits indem ich sie nackt und geradeaus und eben nicht als Gesprächsfüllsel zum Ausdruck bringe.*[221] Bildung ist also für Broch nicht darzustellender Stoff, sondern bestimmt unmittelbar die Erzählstruktur. Zum Echo der *Schlafwandler* gehören auch äußerliche Erfolge: *Habe ich Ihnen schon gemeldet, daß ich zum Mitglied des PEN-Klubs (ohne daß ich mich angemeldet hätte) ernannt worden bin?*[222] Broch zog in die Literaturgeschichte ein: Paul Schrecker (ein Freund mit einer ähnlichen Biographie, der sich aus der Möbelfabrik seines Vaters in die Philosophie flüchtete) *hat in der deutschen Literaturgeschichte von Brandes einen Passus über die ‹Schlafwandler› entdeckt*[223]. Broch regte daraufhin seinen Verleger an, einige der prominenten Literaturwissenschaftler seiner Zeit gezielt für die *Schlafwandler zu* interessieren: *Betreffs deutscher Literarhistoriker, die für die «Schlafwandler» in Betracht kämen, wäre außer Ernst Robert Curtius und Cysarz in Prag noch Prof. Konrad Burdach […] und Fritz Strich zu nennen. Was dabei herausschaut, sind Dissertationen.*[224]

Allerdings sollten noch Jahrzehnte vergehen, ehe sich die Germanistik intensiver mit Broch zu beschäftigen begann. Erfolgversprechend schien auch das literarische Vordringen der *Schlafwandler* in England zu sein. Bereits nach dem Erscheinen des *Pasenow* im Frühjahr 1931 begannen sich Willa und Edwin Muir, vom Rhein-Verlag darauf aufmerksam gemacht, für eine Übersetzung der *Schlafwandler* zu interessieren. Die Muirs hatten zu dieser Zeit bereits *das unnachahmliche Deutsch Kafkas*[225] übersetzt, eine Leistung, die Broch durch die *Schlafwandler*-Übersetzung später sogar noch übertroffen sah: *Sie sind beide, Mrs. und Mr. Muir, sehr große Künstler, und den «Schlafwandlern» ist eine große Ehre widerfahren, daß sie zu Ihnen gelangt sind.*[226] Die Trilogie erschien 1932 bei Seckers in London. T.S. Eliot brachte einen Auszug aus dem *Zerfall der Werte* in der Zeitschrift «Criterion»[227]. Aldous Huxley hat Brochs englischem Verleger schon damals seine außerordentliche Bewunderung für Brochs Buch bezeugt, eine Einschätzung, zu der er auch in der Folgezeit im-

Aldous Huxley, Brochs Fürsprecher in England

mer stand. Broch verband große Hoffnungen mit dem Erscheinen seines Buches in England. Bereits im Sommer 1932 äußerte er, *vielleicht sogar wirklich nach England zu übersiedeln*[228]. Aber die Hoffnung auf eine günstige Aufnahme der englischen *Schlafwandler* erfüllte sich nicht: *Meine Meinung von der englischen Kunsteinstellung ist seit den «Sleepwalker»-Rezensionen etwas herabgemindert worden; Sie scheinen mit Ihrer Meinung, die ich Ihnen nie ganz geglaubt habe, doch recht zu haben. Ich bin über schlechte Kritiken wirklich nicht beleidigt, das kann ich schwören – was mich daran berührt, ist das mangelnde Qualitätsgefühl, dieses Nicht-Ahnen, um was es wirklich geht […].*[229] Die Muirs haben später noch Brochs Drama *Totenklage* und den kleinen Roman *Die unbekannte Größe* übersetzt. Es kam auch zu persönlichen Kontakten. Als 1932 in Wien eine Tagung des PEN-Clubs stattfand, besuchten sie Broch. Und Broch hat seinerseits 1938 auf der Flucht von Deutschland nach Amerika in Schottland Station gemacht und einige Wochen bei den Muirs verbracht. Immerhin machten die *Schlafwandler* Broch unter einem kleinen Kreis englischer Literaturkenner bekannt, was großenteils den Initiativen der Muirs zu verdanken war. Ein Zeichen dafür ist, dass Stephen Spender ihn 1935 kennen lernen wollte: *Er hat mich in München besucht, und wir hatten einen sehr netten Abend zusammen. Ich finde ihn reizend in seiner weichen Länge.*[230] Nicht zuletzt hatte Broch es den Muirs zu verdanken – sie waren Lektoren bei Seckers –, dass die *Schlafwandler* auch von dem New Yorker Verlag Little & Brown übernommen wurden und 1932 ebenfalls in den USA erschienen. Freilich war das Echo hier noch geringer. Brochs Versuch, in einen der einflussreichsten amerikanischen Buchklubs zu gelangen, scheiterte. Thomas Mann war zu dieser Zeit der Berater des «Book of the Month Club» für deutsche Literatur, verhielt sich jedoch den *Schlafwandlern* gegenüber reserviert. «Ich habe mich in letzter Zeit viel und mit hohem Interesse mit Hermann Brochs Trilogie beschäftigt und stehe durchaus unter dem Eindruck eines bedeutenden, geistig reichen und hochgespannten Werkes, das gewiß mit der Zeit noch die ihm gebührende Beachtung und Bewunderung bei uns finden wird. Es stellt aber, ganz trocken gesagt, namentlich in seinem letzten Bande an den Leser so hohe Anforderungen, daß der New Yorker Bücherklub voraussichtlich würde nichts damit anzufangen wissen und sich kaum getrauen würde, die immerhin bescheidene Rezeptivität seines Publikums dafür in Anspruch zu nehmen. [...] Dies wollte ich Ihnen [...] sagen und Sie zugleich bitten, diese Meinungsäußerung auch an Herrn Broch weiterzugeben, allerdings nicht, ohne meine Worte über mein persönliches Verhältnis zu seinem Buch hinzuzufügen [...].» [231] Broch war begreiflicherweise enttäuscht: *Je länger ich darüber nachdenke, desto deutlicher wird mir, daß Thomas Mann nicht recht hat: die Amerikaner können von Europa nicht einfach einen Unterhaltungsroman erwarten, den können sie doch in Eigenregie erzeugen, und von Europa müßten sie doch eigentlich etwas Besonderes verlangen.*[232] Wenn Broch damals dieser Durchbruch gelungen wäre, hätten sich wahrscheinlich auch seine späteren amerikanischen Emigrantenjahre zwischen Armut und Arbeitsüberlastung anders gestaltet. Obwohl Thomas Mann den amerikanischen Buchmarkt tendenziell richtig eingeschätzt hat, gehörten in den sechziger Jahren sowohl die *Schlafwandler* als auch der *Tod des Vergil* zum Programm des «Book of the Month Club».

Immerhin ergaben sich bei dieser Gelegenheit Kontakte zwischen Broch und Thomas Mann, die in der Folgezeit niemals ganz erloschen und während ihrer gemeinsamen Zeit in Princeton sogar zeitweise recht eng waren. Broch selbst hatte sich von Anfang an bemüht, diese Kontakte zu festigen. So schrieb er am 6. Juni 1932 an seinen Verleger: *Können Sie aber inzwischen keine Brücke zu T.[homas] M.[ann] schlagen? ich habe nämlich ein Bedenken: T. M. hat sich den «Esch» in Wien bestellt, ich habe ihn samt Rosen für die Gattin ins Hotel geschickt, und weder er noch sie haben mit einem Wort gedankt.*[233] Am 23. Oktober 1932 berichtete er: *Also vorgestern Thomas Mann im Arbeiterbildungsverein. Ich war sehr froh, daß ich ihn erwischt habe. [...] Im übrigen verlief die ganze Angelegenheit in großer beidseitiger Steifheit, womit er allerdings angefangen hat. Er hat was gegen mich, aber da kann man nichts machen.*[234] Die Zurückhaltung Thomas Manns ist verständlich, da er schon damals als der allmächtig geglaubte Anwalt der deutschen Literatur von vielen Autoren – bei Canetti war das ganz ähnlich – um Zuspruch und Unterstützung ersucht wurde. Vor allem in der Emigration änderte sich jedoch das Verhältnis zwischen beiden. 1939 war Broch zu einem Geburtstagsbankett Thomas Manns in New York eingeladen, und es war nicht zuletzt Thomas Mann, der ihm bei der Einreise in die USA behilflich gewesen ist.

Auch mit Stefan Zweig, einem anderen Berühmten, kam Broch aufgrund der *Schlafwandler* in Berührung. Am 12. Oktober 1932 berichtete er darüber: *Als ich kürzlich durch Salzburg kam, traf ich dort Stefan Zweig, der sehr begeistert war und die Absicht hat, an alle seine englischen Freunde über das Buch zu schreiben.*[235] Er übergab Zweig kurz darauf das Manuskript seines Dramas und hat auf seine Veranlassung hin einige Änderungen durchgeführt. Auch zu Jakob Wassermann, der damals gerade das erste Abklingen seines Ruhmes erlebte, stellten sich Beziehungen her: *Gestern dagegen Nachtmahl mit Jacob Wassermann. Das war besonders nett. [...] Freilich hatte er viel auf dem Herzen: er ist von der Erschwerung des Lesens [...] entsetzt und möchte mich gerne auf den rechten Weg zurückbringen.*[236] Und im September 1932 berichtete er seinem Verleger – der ihm geraten hatte «Gehen Sie zu Wassermann, schauen Sie, wie er es macht [...] bleiben Sie Hermann Broch»[237] –: *Wassermann ist leider ein schlechtes Vorbild. Sein spezifisches Publikum zerfällt, und er klagt über Sorgen. Und ohne daß ich neuerlich Rücksprache nehme, beginne ich heute mit dem Roman, ohne*

Konzession an das Publikum, ohne Konzession an den Verleger [...].[238] Auch zu dem jungen Elias Canetti, der sich damals vergeblich um die Drucklegung seines Romans «Die Blendung» bemühte, knüpfte er damals Verbindungen: *Elias Canetti werde ich nächste Woche treffen. [...] Er scheint wirklich [...] eine besondere Begabung und ein besonderer Narr zu sein. Und er hält die «Schlafwandler» für die größte Dichtung der Gegenwart.*[239]

Der Grund, warum Broch Zweig als literarischen Berater zu seinem Drama heranzog und ebenfalls Wassermann um Rat aufsuchte, war der geschäftliche, nicht der literarische Misserfolg der *Schlafwandler.* Sein Verleger brachte es auf die lapidare Formel: «Alle diese glänzenden Besprechungen haben noch keinen einzigen Käufer hinterm Ofen hervorgelockt [...].»[240] Brochs Hoffnungen, durch die *Schlafwandler* Geld zu verdienen, erfüllten sich nicht. 1930 hatte er an Frank Thieß geschrieben: *Bei der zunehmenden Finanzunsicherheit, von der wir erfaßt werden, droht der schriftstellerische Erwerb zu einem wichtigen Faktor meiner realen Existenz zu werden.*[241] Das Industriellenehepaar Isidor und Bertha Kreisberg, in deren Salon im Salm-Palais Broch auch Thieß kennen gelernt hatte, unterstützte Broch zwar mäzenatisch, aber im November 1932 berichtet Broch erneut von seiner *verzweifelten Situation* und seinen *schweren finanziellen Sorgen*[242]. Ende Dezember 1932 gestand er sich ein: *Ich bin kein Pessimist, aber ich mache mich mit dem Gedanken vertraut, daß die «Schlafwandler» über den literarischen Erfolg nicht hinausgelangen werden. [...] Heute gelte ich noch im Literaturgeschäft als aufgehender Stern, bei einem Mißerfolg des zweiten Buches aber bin ich als erfolgloser Autor*

Stefan Zweig, Tuschezeichnung von Frans Masereel, 1926

abgestempelt.[243] Prophetische Sätze, die schon bald von der Wirklichkeit eingeholt wurden. Der Roman, der zu einem der Schlüsselbeispiele für die strukturelle Wandlung des modernen Romans in der deutschsprachigen Literatur dieses Jahrhunderts werden sollte, geriet nach einem kurzen literarischen Erfolg nahezu in Vergessenheit. Dazu trug freilich vor allem auch das kurze Zeit später in Deutschland anbrechende Dritte Reich bei mit seiner Verfemung und Verfolgung der jüdischen Intellektuellen und Schriftsteller und mit seiner Stigmatisierung innovativer und experimenteller Erzählweisen in der Literatur.

Das schwierige Geschäft der Literatur: Vorträge und Essays

Das Jahrzehnt von 1928 bis 1938 war für Broch von einer immensen Produktivität erfüllt. Man hat den Eindruck, dass sich Brochs schriftstellerische Absichten, die er zwanzig Jahre lang zurückhalten musste, mit einem Mal eruptiv befreiten. Aber es war auch ein Jahrzehnt großer und zum großen Teil unangenehmer Geschäftigkeit. Die finanzielle Sorge für seine Familienangehörigen lastete nach wie vor auf ihm, vor allem auch für den Sohn, bei dem Brochs Erziehungsbemühungen weitgehend gescheitert waren und dessen permanente Geldforderungen den Vater in der Folgezeit begleiteten.

Der politische Zustand Deutschlands bedrückte Broch zusehends. Im Februar 1933 schrieb er: *Von meinem persönlichen Elend abgesehen, bin ich von dem Zustand der Welt (mit Deutschland angefangen) maßlos bedrückt. Und es ist irgendwo sinnlos, ja nahezu unstatthaft, in diese Welt hinein Romane oder Theaterstücke zu schreiben.*[244] Im Frühjahr 1935 heißt es dann: *Nun habe ich aber zwei Jahre hinter mir, eigentlich drei, die wohl zu den ärgsten meines Lebens gehört haben, und in solchen Situationen ist der Mensch gelähmt, braucht alle seine Energien, um sozusagen normal weiterleben zu können […].*[245] Und 1936 schrieb er: *Ich habe so arge Zeiten hinter mir und führe ein so schweres Leben […].*[246] Um seine finanziellen Engpässe zu überbrücken, übernahm er in diesen Jahren Vorträge an der Wiener Volkshochschule. 1932 berichtete er darüber: *Für's erste halte ich jetzt hier zwei Vorträge über Joyce an der Volkshochschule, Ver-*

such, das Esoterische ins Exoterische zu verwandeln, doch auch Versuch, eine Pflicht gegen Joyce zu erfüllen, dessen Namen man hier überhaupt nicht kennt.[247] Nachdem der «Ulysses» 1929 in deutscher Übersetzung im Rhein-Verlag erschienen war, folgte kurz darauf die Übersetzung des in Zusammenarbeit mit Joyce entstandenen Buchs von Stuart Gilbert über den «Ulysses» im Rhein-Verlag. Bereits 1929 hatte Ernst Robert Curtius seinen Essay «James Joyce und sein ‹Ulysses›» veröffentlicht, auf den Gilbert sich in seinem Buch bereits bezieht. Broch kannte sowohl den «Ulysses» als auch Gilberts Buch nur in der Übersetzung. In seinen Briefen aus dieser Zeit an die Muirs erwähnt er immer wieder sein *mangelhaftes Englisch*[248], das es ihm erschwerte, sich in die englische Literatur einzulesen. Das ist nicht unwichtig, weil sich daraus zum Teil der sehr allgemeine Aspekt erklärt, unter dem Broch Joyce auslegt. Auf die Feinheiten der sprachlichen Struktur im Einzelnen einzugehen, verhinderte die Sprachschranke. Bereits 1931 hatte Broch daran gedacht, einen Rundfunkvortrag über Joyce zu halten: *Ich habe einen Joyce-Vortrag im Radio angekündigt […]. Doch es ist bei unserer literarischen Radioleitung, die wohl den Namen Joyce zum ersten Mal gehört hat, durchaus fraglich, ob der Vortrag überhaupt gebracht werden wird.*[249] Der Anlass war der 50. Geburtstag von

James und Nora Joyce, 1932

Joyce im Jahre 1932. Sogar die Idee zu einem ausführlichen Buch über Joyce konzipierte Broch zu jener Zeit. Er berichtete schon 1931 in einem Brief erstmals darüber: *Dieser Text stammt aus einem in Vorbereitung befindlichen theoretischen Buch über den modernen Roman, das gleichfalls im Rheinverlag erscheinen wird, nämlich als Einleitungsband zu den gesammelten Werken von Joyce.*[250] Diese Vorstufe, die Broch erwähnt, ist erhalten: ein sechsseitiges Typoskript, das in sehr allgemeinen Wendungen seine Theorie vom polyhistorischen Roman entwickelt und Joyce, Gide, Musil gleichrangig als positive Beispiele anführt. Diese generalisierende Perspektive ist auch für den berühmt gewordenen Vortrag *James Joyce und die Gegenwart* charakteristisch. Am 25. April 1932 schrieb Broch dazu: *Letzten Freitag habe ich meinen Joyce-Vortrag gehalten; ich mache ihn jetzt druckreif, schicke ihn Ihnen zu. Natürlich läßt sich in einem Vortrag kaum das Notwendigste andeuten; im Grunde handelt es sich ja um die Frage nach der Existenzberechtigung, nach der Existenzmöglichkeit des Romans und des Dichterischen überhaupt.*[251] Broch hat vergeblich versucht, seinen Vortrag in England zu veröffentlichen. 1936 erschien er – die einzige größere Schrift Brochs, die je in seiner Heimatstadt publiziert wurde – mit dem Untertitel *Rede zu Joyces 50. Geburtstag* in Wien. Das Echo war beträchtlich. Broch, der sich nur in der grundsätzlichen Absicht Joyce verwandt fühlte und im Einzelnen von Anfang an distanziert blieb, berichtete über den Erfolg: *Meine Einwendungen dagegen habe ich Ihnen ja schon geschrieben. Aber die Schrift hat einen geradezu lächerlichen Erfolg; völlig unbekannte Leute schreiben mir spontane Dank- und Anerkennungsbriefe, als ob ich Ihnen weißgott was für ein Heil verkündet hätte. Es ist sonderbar; denn die eigentliche Problematik liegt mir eigentlich so ferne […].*[252] Als sich in der «Frankfurter Zeitung» eine Diskussion über seine Thesen entspann, legte Broch Wert darauf, seine eigene Position von der des Iren abzugrenzen, um nicht mit ihm identifiziert zu werden: *Ich habe selber darauf hingewiesen, daß das Simultaneitätsstreben Joyces (das ich übrigens, wie ich glaube, als erster herausgestellt habe, wie überhaupt diese merkwürdig ‹vergottete› Simultaneität des Kunstwerkes) ins Unverständliche führen muß. Und ebenso muß ich den ganzen Begriff des polyhistorischen Romans für meine Romantheorie in Anspruch nehmen.*[253] Seine Bewunderung für

Joyce war nicht vorbehaltlos, und später überwog sogar die Kritik die Bewunderung: *Oberflächliche Beobachter glauben, daß ich Joyce nachstrebe, weil ich mich theoretisch mit ihm befaßt habe.*[254] Die Formel vom deutschen oder österreichischen Joyce, die in der Kritik damals auftauchte, muss also mit einiger Skepsis betrachtet werden. Joyce selbst, so scheint es, hat Brochs Vortrag positiv aufgenommen. Daniel Brody, der Joyce in Brochs Auftrag einen Durchschlag seines Skriptes schickte, berichtete in einem Brief an Broch dazu: «Ihr Kollege Joyce schreibt: ‹Ich las Herrn Brochs Essay and I liked it. If I knew his address I should write to him to thank him for so kindly making me a gift of the typescript.›»[255] Trotz dieses Briefes an Brochs Verleger ist es zu keinem wirklichen brieflichen Kontakt zwischen beiden gekommen. Das deutet womöglich darauf hin, dass Joyces freundliche Antwort lediglich eine Höflichkeitsfloskel war und er im Grunde wenig mit Brochs Essay anzufangen wusste.

In der ersten Aprilhälfte 1932 hielt Broch seinen Vortrag über Joyce, und parallel dazu war er im Frühjahr 1932 bereits mit einem andern Vortrag beschäftigt: *Das Weltbild des Romans.* Schon im Januar 1932 berichtete er dazu: *Ich bin mit einem großen Vortrag «Weltbild des Romans» beschäftigt.*[256] Im Februar 1933 teilte er mit: *Aber ich habe trotz aller Schwierigkeiten eine Abhandlung «Weltbild des Romans» zustandegebracht, die sich sehen lassen kann [...].*[257] Am 18. Februar 1933 hat Broch dann diesen Vortrag in der Wiener Volkshochschule gehalten. Er entwickelte in ihm die Grundzüge seiner Romanästhetik vor allem unter dem Aspekt des Kitsches. Die Methode des Kitsches ist *eine Flucht vor dem Irrationalen, eine Bemühung, das Irrationale harmlos zu machen, indem man es ins rationale Netz einzufangen trachtet*[258]. Dies ist vor allem der Vorwurf, der auch Musils «Mann ohne Eigenschaften» trifft. Die Nähe dieses Kitsch-Konzeptes zu Brochs Wertphilosophie ist deutlich und tritt noch verstärkt hervor in seiner Abhandlung *Das Böse im Wertsystem der Kunst,* die sich in den Formulierungen zum Teil mit dem *Weltbild des Romans* überschneidet und zugleich den Versuch darstellt, das dort mehr an Beispielen Aufgewiesene zu systematisieren und mit seiner Wertphilosophie zu verbinden. Dieser Essay wurde im August 1933 von Peter Suhrkamp in der «Neuen Rundschau» veröffentlicht. Brochs Thesen *Der Künstler hat gut, nicht schön zu arbeiten*[259] und *Der Kitsch ist das Böse an sich innerhalb der Kunst*[260] werden in dem neuen Essay wieder aufgenommen und begründet, indem die historische Voraussetzung aufgewiesen wird, der Zerfall des *christlich-Platonischen Weltbildes des Mittelalters*[261]. An die Stelle des absoluten Wertmittelpunkts Gott ist das jeweilige Wertsubjekt eines Einzelwertsystems getreten. Die Handlungen dieses Wertsubjekts zerfallen, einmal von der Intention her und zum andern vom Resultat her gesehen, in eine ethische und ästhetische Komponente. Das gilt auch für den Künstler, der jedoch bestrebt sein muss, seine Vereinzelung rückgängig zu machen. Der Kitsch-Hersteller beschränke sich jedoch auf sein Partialwertsystem, in dessen Mittelpunkt die Schönheit als Wertabsolutum stehe. Statt *Erhellung des Irrationalen […] befindet er sich ständig auf der Flucht ins Rationale*[262].

Robert Musil las diesen Aufsatz Brochs und beschwerte sich darüber, dass Broch zum Teil seine eigenen Gedanken aus seinem Aufsatz «Literat und Literatur» (1931) vorgetragen habe, ohne ihn zu nennen. In seinem Tagebuch vom Oktober 1933 findet sich eine kurze Notiz zu dieser fixen Idee eines Plagiats: «Broch: Anlehnung. Wenn man sich an eine Mauer lehnt, hat der ganze Anzug weiße Flecken. Ohne daß es ein Plagiat wäre.»[263] Broch hat auf Musils Brief geantwortet: *Der versteckte Vorwurf, ich hätte Ihren Namen verschwiegen, um meine eigene Wirkungsmöglichkeit zu sichern oder zu vergrößern, ist – sagen wir es offen – einfach ungeheuerlich. Es fehlt nur noch der Verdacht des Plagiats. […] Ich habe aber die Ehre, Ihre militante Art seit Jahren zu kennen, und die verehrungsvollen und freundschaftlichen Gefühle, die ich Ihnen gleichfalls seit Jahren entgegenbringe, werden sich, wie immer Sie sich zu mir einstellen, nicht ändern. […] In dem Vortrag, der dem ominösen Aufsatz vorangegangen ist und der durch sein verengtes Thema («Weltbild des Romans») die gegebene Voraussetzung dazu war, habe ich kein Werk der gesamten Romanliteratur so oft und eingehend zur Illustrierung der Vortragsthese herangezogen wie eben den «Mann ohne Eigenschaften». […] Aber daß ich theoretische Grundlagen in einer Ihrer Arbeiten hätte finden können, das habe ich wahrlich niemals in Be-*

Robert Musil, das «schreckliche Beispiel»

tracht gezogen.[264] Brochs Antwort ist nicht ohne Ironie. Denn sicherlich hat er den «Mann ohne Eigenschaften» im besagten Vortrag zur *Illustrierung der Vortragsthese* herangezogen, aber als Beispiel subtilen Kitsches. Im Juli 1931 hatte er bei weitem positiver über Musils Roman geurteilt: *Ich habe mir erlaubt, Ihnen ein Buch «Mann ohne Eigenschaften» meines Freundes Robert Musil zu senden. Ich muß dazu sagen, daß ich Musils Methode als abseitig empfinde – sie ist sozusagen das rationale Gegenstück zu Joyce und seiner Methode – und daß ich wenig Perspektiven für die dichterische Ausdrucksmöglichkeit in Weiterverfolgung dieser Methode sehe. [...] Aber es ist trotzdem ein sehr bedeutendes Buch [...].*[265] Musil hat auf Brochs Brief von 1933 freundlich, aber zurückhaltend geantwortet: «Ich bitte Sie, meinen verbindlichen Dank für Ihre freundlichen Aufklärungen entgegenzunehmen, obgleich ich leider fürchte, daß wir auf unserer verschiedenen Meinung beharren müssen. Ich möchte übrigens hervorheben, daß mein Einwand nach Absicht und Willen nichts in sich schloß, was die Selbständigkeit und den Wert Ihrer Arbeit beeinträchtigen sollte.»[266] Musil hat sich ähnlich zurückhaltend über Brochs *Schlafwandler* geäußert. Als der gemeinsame Freund Franz Blei ihm 1930 Brochs Exposé zu den *Schlafwandlern* schickte, bemerkte er in seinem Tagebuch: «Absichten, die sich teilweise mit meinen berühren.»[267] Später heißt es im Tagebuch: «Er [Broch] macht den philosophischen Roman suspekt. Er hat nicht recht, aber wenn ich dagegen polemisiere, ist es entweder ein philosophischer Streit oder ich müßte persönlich angreifen.»[268]

Musil war in den dreißiger Jahren für Broch das Schreckbild des erfolglosen, materiell völlig ungesicherten Schriftstellers, und immer wieder erwähnte er das *schreckliche Beispiel Musils*[269]. Hier und da kam es zu persönlichen Begegnungen zwischen ihnen, aber Freunde sind sie nie geworden.

Neue literarische Pläne: Filsmannroman, Dramen und «Die unbekannte Grösse»

So wichtig die theoretischen Aufsätze für Broch waren, im Mittelpunkt seiner literarischen Arbeit in jenen Jahren standen neue dichterische Pläne und Entwürfe. Mit der Professionalisierung seiner literarischen Arbeit war eine neue Situation entstanden. Er versuchte nun mit allem Nachdruck, als Schriftsteller auch wirtschaftlich zu überleben. Bereits im Frühjahr 1930, noch vor der entscheidenden Umarbeitung der *Schlafwandler*, die ihn in den beiden nächsten Jahren in Anspruch nahm, berichtete Broch bereits von einem neuen Romanprojekt: *Ich stocke mit der Arbeit an einem zweiten Roman, den ich bereits angelegt hatte [...].*[270] Im Sommer 1930 schrieb er: *Wie ich ein wenig Luft habe, schicke ich Ihnen ein paar Kapitel des künftigen Buches [...].*[271] Das Thema des neuen Buchs bezeichnet er hoch abstrakt als das *Logische im Ethischen*[272] und den Ahasver-Mythos. Aber welches Projekt damit gemeint ist, lässt sich leicht erschließen, da der im Brief zitierte Ahasver-Fünfzeiler in fast wörtlicher Entsprechung im 8. Abschnitt der *Geschichte des Heilsarmeemädchens*[273] auftaucht. Broch begann also zu dieser Zeit die *Heilsarmeemädchen*-Episode gesondert auszuarbeiten und hat sie erst später in den *Huguenau* eingefügt. Im Oktober 1931 wurde ein anderer Plan in seinen Briefen erwähnt: *Ich habe ein ganzes erkenntnis-theoretisches Buch vorbereitet [...].*[274] Im Januar 1932 erwähnte Broch in seinen Briefen wieder die Arbeit an einem neuen Roman: *Der neue Roman stockt augenblicklich. Teilweise aus inneren Gründen, die ebensowohl in mir als in der überaus schwierigen Materie liegen (aber es wird zu bewältigen sein) [...].*[275] Im September 1932 wurde ebenfalls der neue Roman erwähnt: *Ich beginne heute mit dem Roman, ohne Konzession an das Publikum, ohne Konzession an den Verleger, dennoch mit einem fast sicheren Vorgefühl, daß er wesentlich gelockerter als der «Huguenau» sein wird.*[276] Und schon im Dezember 1932 berichtete Broch: *Ich bin in voller Arbeit mit dem Filsmannroman. Und ich berufe mich wieder einmal auf meine Prophezeiung vom Februar 1931, mit welcher ich Ihnen anzeigte, daß der «Huguenau» ein Buch von Format sein würde. Nun prophezeie ich Ihnen neuerdings, daß der Filsmannroman sein Format haben wird [...] und daß er keinen «Wertzerfall» enthalten wird.*[277] Broch fühlte sich in gewisser Weise unter Druck gesetzt: Einerseits glaubte er seinem Verleger einen Roman schuldig zu sein, der so konzipiert war, dass er von den Lesern honoriert wurde, andererseits glaubte er sich verpflichtet, den Weg der erzählerischen Innovation, den er mit den *Schlafwandlern* eingeschlagen hatte, fortsetzen zu müssen. Das war das konzeptionelle Handikap des neuen Erzählvorhabens. Von daher auch die Hektik der unterschiedlichen Projekte.

Wirtschaftliche Überlegungen – Theater-Tantiemen sind nach wie vor eine der solidesten schriftstellerischen Einnahmequellen – sind wohl daran beteiligt, dass Broch während der Arbeit den Plan fasste, den Filsmann-Stoff parallel zur epischen Umsetzung als Drama zu schreiben. Er stellte die Arbeit an der Romanfassung zurück und konzentrierte sich auf die dramatische Ausarbeitung. Broch lebte zu dieser Zeit in Gößl am Grundlsee im Salzkammergut und befand sich in einer Atmosphäre, die seiner Arbeit gut tat. Bereits Anfang 1932 konnte er berichten: *Das Drama läuft in einem Tempo, daß es nicht unterbrochen werden darf.*[278] Im September 1932 schickte er die Erfolgsnachricht an seinen Verleger: *Das Drama ist inklusive Epilog in Rohschrift fix und fertig, und ich meine, daß ich es an Gewicht neben den ‹Huguenau› stellen darf. Sein äußerliches Gewicht aber ist 200 Seiten [...] (200 Seiten in genau einem Monat).*[279] Die große Hast, mit der Broch an dem Stück arbeitete, lag auch an den finanziellen Hoffnungen, die er an die Aufführung des Stücks knüpfte, zumal ein Erfolgsroutinier ihm nicht nur handwerkliche Hinweise bei der Niederschrift gegeben, sondern sich auch angeboten hatte, das Stück bei dem einflussreichen Bühnenverlag Felix Bloch Erben zu platzieren. Das kam allerdings nicht zustande, und Broch unternahm selbst Versuche, Wiener Theater für eine Aufführung zu interessieren: *Wien hat mich fürs erste vor den Kopf und auf den Mund geschlagen. [...] Ich möchte das Stück so rasch als nur irgend möglich, also noch in dieser Saison, auf der Bühne haben [...] aus den Ihnen bekannten allgemeinen finanziellen Gründen. Das gleichzeitige Erscheinen von Roman und Stück, wie wir es uns gedacht haben, würde eine Verschiebung um eine ganze Theatersaison nach sich ziehen [...].*[280] Den Änderungsvorschlägen von Stefan Zweig verhielt er sich skeptisch gegenüber: *Was Zweig von der absoluten Anonymität des Geschehens sagt, klingt mir gut und geht mir doch nicht ein: sein Vorschlag, den Staat zur Sanierung der Filsmannwerke heranzuziehen und solcherart das Familiäre radikal auszumerzen, läuft mir irgendwie gegen den Strich. [...] Und so werde ich von den Zweigschen Anregungen nicht viele in die Tat umsetzen: ich werde mich im großen und ganzen auf den Ausbau des Männer-Epilogs beschränken [...].*[281] Zweig, den Broch im Oktober 1932 in Salzburg bei der Durchreise aufgesucht hatte, wollte Broch offensichtlich davon überzeugen, dass der Dramen-Epilog *Die Totenklage* – so auch der ursprüngliche Titel des Stücks –, in dem alle Frauen über den Verlust ihrer Söhne und Männer klagen, einen Salto mortale ins Mysterienspiel darstellt und der Struktur des Stücks widerspricht.

Gustav Hartung, der das Stück schließlich für die Uraufführung am Zürcher Schauspielhaus angenommen hatte, war durch seine expressionistischen Inszenierungen zu einem der namhaften Regisseure des damaligen deutschsprachigen Theaters geworden, und Broch verband beträchtliche Hoffnungen mit der Premiere, die am 15. März 1934 in Zürich stattfand. Der Titel war

Mit dem Regisseur Gustav Hartung nach der Premiere von «Denn sie wissen nicht, was sie tun» («Die Entsühnung») im Zürcher Schauspielhaus am 15. März 1934 (Foto: Trude Geiringer)

in *Denn sie wissen nicht, was sie tun* abgeändert und der Broch so am Herzen liegende Epilog ganz gestrichen worden. Broch berichtete nicht ohne Stolz: *Es war ein sehr großer Theatererfolg [...].*[282] In der Uraufführung spielten unter anderen Ernst Ginsberg, Kurt Horwitz und Leonhard Steckel. Allerdings unterschied sich der Theatertext erheblich von Brochs Manuskript: *Die vorliegende Bühnenbearbeitung reduziert das ursprüngliche Manuskript, das für die Druckausgabe bestimmt ist, von 158 um über 40*

Seiten, sodaß diese Bühnenfassung nunmehr zirka 115 Seiten umfaßt.[283] Das Drama überzeugt nur in seinem naturalistischen Ausgangspunkt, in der Charakterzeichnung der Vertreter von verschiedenen Generationen sowohl unter den Industriellen als auch unter den Arbeitern. Der seelische Verfallsprozess, den Broch in diesen Figuren dokumentieren wollte, wirkt glaubhaft.

Der mit Broch befreundete Wiener Schriftsteller Ernst Schönwiese, der auch nach dem Tode Brochs einer seiner unermüdlichsten literarischen Anwälte war, hat dieses Stück später bearbeitet, die Szenenfolge verändert, gekürzt und gelegentlich auch in den Text eingegriffen und es am 30. Mai 1961 in Wien als Hörspiel zur Aufführung gebracht. Diese Fassung wurde mit dem neuen Titel *Die Entsühnung* veröffentlicht. Ob das dem Willen Brochs entsprochen hätte, scheint zweifelhaft, da er später die Schwächen seines Stücks sah und so 1949 schrieb: *Was das Stück anlangt, so müssen Sie mir glauben: es ist ein weicher Schmarrn, und man kann auch einfach Dreck sagen. […] Wollte man die «Entsühnung» heute wieder hervorholen, ich müßte sie von Grund auf umarbeiten […]. Kein Mensch erinnert sich ja an die Zürcher Angelegenheit.*[284] Trotz Brochs gelegentlich abschätziger Beurteilung dürfte sein zweites Stück unter theatertechnischem Aspekt höher einzuschätzen sein, die *Komödie in drei Akten Aus der Luft gegriffen oder Die Geschäfte des Baron Laborde*[285]. An dem Stück, dessen Hochstapler-Hauptfigur Züge des Sohnes trägt, den Broch brieflich beschimpfte als *arbeitslosen Hochstapler*, dessen *Zukunftspläne […] leerer Bombast*[286] seien, hat der Sohn bereits mitgearbeitet. Diese Zusammenarbeit vertiefte sich noch in dem Schwank mit Musik *Es bleibt alles beim Alten*[287] zum Nachteil dieses Stücks, das wesentlich schwächer ist. Beide Stücke fanden damals nicht den Weg auf eine Bühne. Und auch die Drucklegung der Komödie, die Broch dem S. Fischer Verlag angetragen hatte, kam nicht zustande. Dass die Komödie in der Tat auf dem Theater funktioniert, bewiesen die in den achtziger Jahren zustande kommenden Aufführungen: die Uraufführung im Oktober 1981 in Osnabrück und vor allem die österreichische Premiere im Akademietheater in Wien am 25. Juli 1983.

Broch hat immer wieder den Zusammenhang des Filsmann-

Romanprojekts mit der *Totenklage* betont, aber abgesehen vom stofflichen Hintergrund, der Industriellenfamilie der Filsmanns, sind die Übereinstimmungen nicht sehr groß. Von Brochs damaliger Arbeitsintensität her geurteilt, musste die Arbeit am Filsmann-Roman zu dieser Zeit schon erheblich vorangeschritten sein, weit über die wenigen Fragmente hinaus, die erhalten blieben, und die Vermutung liegt nahe, dass ein erheblicher Teil des Manuskripts verloren gegangen ist. Die wenigen erhaltenen Bruchstücke sind erst im 10. Band der Gesamtausgabe veröffentlicht worden.

Broch, der über seinen Verleger Daniel Brody vom Rhein-Verlag wiederholt geäußert hatte: *Ich hätte mir keinen verständnisvolleren Verleger wünschen können*[288], hatte dennoch in der Zwischenzeit erneut Verbindung zum S. Fischer Verlag aufgenommen, da sich der Rhein-Verlag bei dem ungünstigen Verkauf der *Schlafwandler* außerstande sah, Brochs weitere literarische Produktion vorerst zu verlegen. Dennoch war Brody keineswegs erfreut, dass Broch zeitweise erwog, ganz zum S. Fischer Verlag überzuwechseln. Zwischen Juli und November 1933 schrieb Broch den kleinen Roman *Die unbekannte Größe*, den S. Fischer mit 5000 Schweizer Franken honorierte, hinzu kam noch das Honorar für den Vorabdruck in der «Vossischen Zeitung», wo das Buch in der Zeit zwischen 17. September und 6. Oktober 1933 erschien. Diese Nebenarbeit hatte paradoxerweise einen größeren buchhändlerischen Erfolg als die *Schlafwandler*. Broch übertrieb nicht, wenn er brieflich von einem *günstigen Verkauf der «Unbekannten Größe»*[289] berichtete. Über das Thema, das er in diesem Roman gestaltet hat, führte er im November 1933 aus: *Ich habe versucht, die ideelle Grundfläche abzustecken, auf der die «Unbekannte Größe» errichtet worden ist; diesen Autorkommentar lege ich bei. […] Es kam mir darauf an zu zeigen, daß in jedem wahrhaften Erkenntnisstreben bei aller notwendigen Rationalität, ja, vielleicht sogar am stärksten bei so maximaler Rationalität, wie sie von der Mathematik dargestellt wird, unabweislich der Strom mystischer Erkenntnis mitfließt, aus den gleichen Seinsgründen gespeist wie das Rationale selber […].*[290] In diesem Kommentar *Grundzüge zum Roman «Die unbekannte Größe»* heißt es: *Der Roman eines intellektuellen, in diesem*

Hermann Broch und sein Verleger Dr. Daniel Brody
in Salzburg, 1934 (Foto: Trude Geiringer)

Fall eines wissenschaftlichen Menschen, besteht nicht darin, daß man das Material des von ihm bearbeiteten gelehrten Wissensgebiet vor dem Leser ausbreitet. Was Anspruch erhebt, Dichtung genannt zu werden, hat mit den einfachsten Grundtrieben der Seele zu tun […], nicht aber mit wissenschaftlichem Material: der Roman des Mathematikers Richard Hieck hat sich sohin mit der Mathematik so weit zu beschäftigen, als sie zum Kristallisationspunkt jener seelischen Urkräfte gewor-

den ist [...] In welcher Weise kann ein der Wissenschaft hingegebener Mensch zu jener Gesamterkenntnis gelangen [...]? Richard Hieck macht erst den vergeblichen Versuch, die Lösung vom mathematischen Gebiet aus zu finden. [...] Aber vor dem Liebeserlebnis wird es ihm deutlich, daß dieser Weg unbeschreitbar ist, und wahrscheinlich hätte er den richtigen überhaupt nicht gefunden, wenn seine seelische Situation nicht durch den Tod des jüngeren Bruders eine entsprechende Änderung erfahren hätte. Vor dem Leichnam des Bruders wird ihm die ursprüngliche Erkenntnisquelle seines Seins sichtbar, und er erfaßt, daß die rationale und wissenschaftliche Erkenntnis bloß einen Teil einer größeren und zugleich einfältigeren Erkenntnis darstellt, einer wahrhaft mystischen Erkenntnis [...].[291] Von seiner permanenten finanziellen Misere motiviert, hatte Broch, der selbst ein emsiger Kinogänger war, versucht, den ökonomischen Erfolg weiter auszuwerten und im Frühjahr 1934 ein Drehbuch nach dem Roman geschrieben: *Das Unbekannte X*[292]. Broch hat später geäußert: *Die «Unbekannte Größe» ist ein mieses Buch, das verscharrt und vergessen bleiben soll.*[293] Ein Urteil, das noch weit eher für das Drehbuch gilt.

Entwürfe und Fragmente: Novellenroman und religiöser Roman

Die Hektik, von der Brochs literarische Produktion in diesen Jahren gezeichnet war und hinter der nicht zuletzt auch ökonomische Motive zu erkennen sind, kommt auch darin zum Ausdruck, dass er bereits vor der Fertigstellung der *Unbekannten Größe* und des Filmskripts, das er vergeblich in der Filmindustrie unterzubringen versuchte, zwei neue Projekte aufgriff. Im Juli 1933 heißt es in seinen Briefen: *Vorderhand habe ich mich wieder an den Novellenroman gemacht, damit er raschestens fertig werde, aber es drängt mich zu dem begonnenen großen religiösen Buch: es kann gerade für diese Zeit etwas Wichtiges werden [...].*[294] Schon im Frühjahr 1933 war die erste Erzählung *Eine leichte Enttäuschung* geschrieben worden, und Broch versuchte, die Zusammenarbeit mit den Muirs auch dahin auszudehnen, mit ihrer Hilfe den geplanten Novellenroman gleichzeitig deutsch und englisch erscheinen zu lassen. Im Juli 1933 heißt es in einem Brief: *Die Muirs haben mir im Frühjahr nach der Lektüre der ersten Novelle nach Rücksprache mit Secker noch geschrieben, daß Secker bereit wäre, das Novellenbuch zu bringen.*[295] *Eine leichte Enttäuschung* wurde später, fast unverändert, in die *Schuldlosen* aufgenommen. Im Februar 1933 berichtete Broch von zwei neuen Novellen: *Die ganze Ausbeute dieser Monate zwei kurze Novellen, die ich Ihnen zuschicke.*[296] Es handelt sich um die beiden Erzähltexte *Vorüberziehende Wolke* und *Mit leichter Brise segeln* – beide fanden später in den *Schuldlosen* ihren Platz –, die die Muirs übersetzten. Es gelang ihnen auch, die erste dieser Erzählungen noch im gleichen Jahr im «Modern Scot» zu platzieren. Vorher war dieser Erzähltext bereits in der «Frankfurter Zeitung»[297] erschienen. Der zweite wurde unter dem Titel *Ein Abend Angst* am 6. August 1933 vom «Berliner Börsen-Courier» gebracht. Eine weitere Erzählung, die damals entstand, *Esperance*[298], blieb unveröffentlicht und ist wohl aus diesem Grund nicht in der Konzeption der *Schuldlosen* berücksichtigt worden. Im November 1933, gerade nach Abschluss der *Unbekannten Größe*, berichtete Broch von einer weiteren Erzählung, der *Heimkehr*, die im Dezember 1933 in der «Neuen Rundschau» erschien: *Diese Erzählung ist in mancher Beziehung etwas Geglücktes, – ich glaube damit etwas erreicht zu haben, was mir seit langem als nächste Etappe des Darstellungsmöglichen vorgeschwebt hat. Ich stelle jedenfalls diese Erzählung wesentlich höher als die «Unbekannte Größe» (so heißt der neue Roman), der wesentlich leichter und publikumswirksamer ist.*[299] Was Broch mit dieser Erzählung erreicht zu haben glaubte, hat er auch hier in einem Kommentar, *Bemerkungen zu den «Tierkreis-Erzählungen»* – zwölf sich jeweils einem Tierkreiszeichen zuordnende und eine abschließende Erzählung waren geplant – mit einem neuen Konzept des sprachlichen Symbols zu entwickeln versucht: *Die Tierkreis-Erzählungen sind ein Experiment. Sie stellen sich zur Aufgabe, Ur-Symbole der menschlichen Seele, wie es der Löwe, der Stier, die Fische, aber auch das Dreieck sind, ‹erleben› zu lassen, das heißt eine Gefühlslage herzustellen, aus der heraus es verständlich wird, daß diese Gebilde jenen metaphysischen Symbolcharakter erhielten, der einem konkreten und oftmals alltäglichen Ding die Stellvertretung eines großen übersinnlichen Bereichs verleiht.*[300] Über die spezielle Art des Symbols, die er in der *Heimkehr* im Bild des Dreiecks zu gestalten versuchte, heißt es im Einzelnen: *Dieser Entwicklungsweg des ech-*

ten Symbols kann in allgemeinster Form darin gesehen werden, daß einerseits das Symbol als solches immer weiter entnaturalisiert, vereinfacht und schematisiert wird, während der Symbolgehalt als solcher immer mehr wächst und einen immer größeren Bereich deckt.[301] Schon Peter Suhrkamp, der die Erzählung unter dem Titel *Verlorener Sohn* in der «Neuen Rundschau» herausbrachte, monierte: «Das Dreieck wird etwas zu oft betont»[302], und der Kritiker Karl August Horst hat später die strukturelle Funktion des Dreieckbildes, das, für den Mittelteil des Romans vorgesehen, die beiden Hälften, die jeweils sechs Tierkreiszeichen zugeordnet waren, integrieren sollte, zum Anlass genommen, Broch als Sprachkonstrukteur zu apostrophieren. Broch sah die *Heimkehr*-Novelle als Kern des Novellenromans an und berichtete darüber: *Diese Novelle ist das Mittelstück eines Novellenromans, in dessen Zusammenhang sie erst ihre wirkliche Sinngebung erfahren hätte. Es ist ein Buch, das mir recht am Herzen liegt, ein Versuch, Ur-Symbole, Archetypen, aus dem seelischen und erkenntnismäßigen Erleben heraus zu entwickeln, also gewissermaßen Neuland der Dichtung, weniger deren eigentlichstes und urtümliches Gebiet. Demgemäß soll dieser Band, der aus 13 innerlich verbundenen Novellen bestehen wird, folgerichtig «Der Tierkreis» heißen.*[303] Auch die 1958 wieder aufgetauchte Erzählung *Der Meeresspiegel*[304] ist vermutlich diesem Erzählprojekt zugeordnet. Dennoch hat Broch diesen Plan eines Novellenromans nicht abgeschlossen. Er unterbrach die Arbeit, deren künstlerische Ambitionen ihm zu sehr auf das Rezeptionsschicksal der *Schlafwandler* hinzudeuten schienen, um sich ganz auf das Projekt eines religiösen Romans zu konzentrieren: *Nichtsdestoweniger bin ich noch voller Bedenken gegen eine Buchausgabe des Tierkreises, einfach deshalb, weil ein derartig esoterisches Buch kaum Publikumsaussichten haben kann.*[305] Die Furcht vor einem erneuten finanziellen Misserfolg verursachte also den Abbruch. Am Ende seines Lebens hat Broch diesen Plan, einen Novellenroman zu schreiben, nochmals aufgenommen und, obwohl er in seinem Entstehungsbericht zu den *Schuldlosen* selbst die Zufälligkeit ihres Zustandekommens betont hat und an den ursprünglichen Plan der dreißiger Jahre nicht mehr dachte, ist er in erstaunlicher Kontinuität nochmals zu diesem Plan zurückgekehrt.

Nach dem Scheitern des Filsmannromans und des Novellenromans entschied sich Broch, seine ganze Energie dem Projekt eines religiösen Romans, des späteren Bergromans, zuzuwenden. Im Juli 1933 erwähnte er zum ersten Mal namentlich das *begonnene große religiöse Buch*[306]. Im November 1933 bestätigte er: *Augenblicklich arbeite ich an einem großen Roman religiösen Inhalts […].*[307] Er durchlebte in dieser Zeit eine Phase tiefer Depression und berichtete später darüber: *Ich habe zwei Jahre hinter mir, eigentlich drei, die wohl zu den ärgsten meines Lebens gehört haben […].*[308] In dieser Situation unternahm er noch einmal den Versuch, sich rigoros auf den begonnenen religiösen Roman zu konzentrieren: *Ich will nur noch einen Versuch machen, zu jenem einzigen und verzweifelten Problem vorzustoßen, das allein uns noch interessieren kann, nämlich zum religiösen, das ja auch das Problem der Problemlosigkeit (Prinzip des Bösen!) in sich schließt. Ob dies wirklich in einem Roman zu erfassen sein wird – wie ich es ja schon begonnen habe – wird sich dabei erweisen. Auf alle Fälle will ich mich hiezu auf ein paar Monate aufs Land begeben. Wohin weiß ich noch nicht. Fürs erste – meine Mutter wird jetzt ohnehin die Wiener Wohnung okkupieren – werde ich mich in das freiwerdende Badener Haus setzen. Vorderhand studiere ich allerlei Religionsgeschichtliches, plage mich mit Kirchenvätern und komme mir bei allem sehr stümperhaft und dilettantisch vor […].*[309] Kurze Zeit später führte er diese Absicht durch: *Auf alle Fälle habe ich mich jetzt hierher in die Einsamkeit zurückgezogen – in eine absolute Einsamkeit, die ich sofort mit der in einem Tiroler Dorf vertausche, wenn ich hier von Wien aus irgendwie gestört werden sollte –, und ich rechne damit, daß es mir in dieser Abgeschlossenheit gelingen wird, mein lethargisches Entsetzen zu überwinden und mit mir selbst zur Klarheit, d. h. aber auch zu einer präzisen Arbeitsmöglichkeit zu gelangen […]. So, jetzt wissen Sie alles, nur nicht, daß ich es in Wien seelisch und gesundheitlich nicht mehr ausgehalten habe.*[310] Zu dieser Zeit starb sein Vater, und die finanziellen Sorgen erreichten ihn auch in dieser Abgeschlossenheit. Broch verlegte seinen Aufenthalt nach Laxenburg in das Haus des Ehepaares Ferand: Broch hatte die Ferands, Jugendfreunde seines Verlegers aus Budapest, durch Daniel Brody kennen gelernt, und Emmy Ferand hat Erzählungen Brochs ins Ungarische übersetzt. Darüber berichtete er im März 1935: *Ferands sind reizend zu mir, ich habe Ruhe, gebe kein Geld aus und alles wäre großartig, wenn ich diese flache Landschaft hier vertragen könnte. Aber die kann ich nicht mehr sehen, und so werde ich wohl bald wieder flüchten. Vielleicht irgendwohin nach Tirol […].*[311] Er arbeitete zu dieser Zeit verbissen am ersten Teil der ersten Fassung des Bergromans, zu dieser Zeit zumeist von ihm der *religiöse Roman* genannt. Aber die Arbeit kam immer wieder ins Stocken. Im Juli 1935 berichtete er aus Laxenburg, dass seine *persönliche Lebensgestaltung seelisch erkrankt sei* und dass sich dies auf seine *Arbeit überträgt*: *Es wäre mir unendlich wichtig gewesen, die Fertigstellung vorher in den Bergen vorzunehmen, die ja der Schauplatz dieses ersten Romanteils sind. […] Heute, da ich weiß, daß mir die Arbeit gelingt, weiß ich auch, daß ich seelisch viel gesünder bin, als ich selber angenommen habe. Die letzten zwei Jahre waren nichts anderes als ein konstanter Kampf um persönliche Ungestörtheit, damit jener Reifeprozeß vor sich gehen kann.*[312] Er zog auf Einladung seines Verlegers vorübergehend nach München und blieb dort von Juli bis September 1935. Mit einem kargen Honorarvorschuss seines Verlegers versehen, zog sich Broch, auch der vergleichsweisen geringen Lebenskosten wegen, nach Mösern bei Seefeld in Tirol zurück, wo er auf einem alten Bauernhof ein preiswertes Unterkommen fand. Bereits Mitte Oktober 1935 war Broch dabei, die erste Fassung des Bergromans abzuschließen: *Ich bin an den beiden Schlußkapiteln, und dann kommt die erste Überarbeitung […]. Das große Hauptkapitel, der Irmgard-Tod, ist – so glaube ich – gelungen, aber ich habe noch keine Distanz dazu. So wie ich fertig bin, möchte ich nach München, es kommt ja jetzt auch die technische Frage des Manuskriptabschreibens etc.*[313] Broch schwebte jetzt ein dreibändiger Roman vor. Im Januar 1936 äußerte er dazu in seinen Briefen: *Ich habe den Eindruck, daß es wirklich der erste religiöse Roman sein wird, nämlich einer, wo das Religiöse nicht im Gottesstreitertum usw. liegt, sondern im Nacherleben. Soweit es den Erd- und Mutterkult betrifft, glaube ich, daß der erste Band richtig angesetzt ist. Freilich muß jetzt noch vieles nachgemalt und nachgezeichnet werden, und mir graut schon davor: denn dazu braucht man Zeit und vor allem Versenkung und immer wieder Versenkung. […] Am liebsten möchte ich jetzt gleich den dritten Teil angehen, weil der der schwerste ist. Über den zweiten bin ich mir ziemlich klar; der ist ja auch verhältnismäßig rational und sehr deskriptiv, also Dinge, die mir leichtfallen. Aber vor dem großen Schluß fürchte ich mich. […] Nach Abschluß der drei Bände werde ich doch sicherlich zwei Jahre dichterisch schweigen, weil es ja nicht angeht, in einer solchen Intensität weiter zu produzieren.*[314] Es handelt sich nicht nur um eine quantitative, sondern auch eine qualitative Erweiterung. Neben die religiöse trat die mythische Konzeption, vor allem die Vertiefung der Demeter-Gestalt der Mutter Gisson (ihr Name ist wahrscheinlich ein Anagramm von Gnosis). Ende 1935 machte Daniel Brody Broch auf eine ähnlich angelegte Darstellung in Jean Gionos «Serpent d'étoiles» (1933) aufmerksam, und Broch, der das Buch Anfang November 1935 las, gestand: *Was Sie über Giono sagen, trifft sich überraschend mit meiner eigenen Beobachtung, besonders vor dem letzten Buch Gionos ‹Serpent d'Etoiles›, das ich vorige Woche in die Hand bekommen habe und das sonderbare Parallelen mit meinem neuen Buch aufweist (auch schmerzliche, denn ich muß die dichterische Superiorität Gionos neidvoll zugeben!).*[315] Auch der Schweizer Erzähler Ferdinand Ramuz, vor allem mit seinem Roman «La grande peur dans la montagne» (1926), gehört zu dem literarischen Kontext, dem sich Brochs Bergroman zuordnet. Im April 1936 berichtete Broch noch von einer zusätzlichen Ausweitung seines Stoffes: *Ich hoffe, einen synthetischen Aufbau zu finden. […] Es ist ein Buch religiöser Thematik und wird neuerdings einige Bände umfassen, da der Kreis in einem einzigen nicht abzuschreiten ist.*[316] Broch hatte zu dieser Zeit die Niederschrift der ersten Fassung offenbar unterbrochen und war mit der konzeptionellen Erweiterung seines ursprünglichen Romanplans beschäftigt. Erst als sich Broch von Oktober 1936 an für zwei Monate in das Sommerhaus des befreundeten Ehepaars Geiringer nach Altaussee ins steirische Salzkammergut zurückzog, wurde die Schreibarbeit wieder vorangetrieben. Der Nimbus Altaussees als beliebter Literaten- und Künstlerort, in dem Hofmannsthal, Schnitzler, Beer-Hofmann, Jakob Wassermann, aber auch jüngere Autoren wie Friedrich Torberg und Robert Neumann sich gern aufgehalten hatten, war zu dieser Zeit schon weitgehend erloschen. Brochs Entscheidung, nach Altaussee zu gehen, war ohnehin nicht vom Flair des Ortes bestimmt, sondern

Arbeit im Salzkammergut
(Foto: Trude Geiringer)

von der Möglichkeit, zwei Monate billig leben zu können: *Ich habe mich hier in Alt-Aussee angesiedelt, weil mir Geiringers ihr Haus über den Winter kostenlos zur Verfügung gestellt haben.*[317] Je mehr sich die Arbeit am religiösen Roman auszudehnen begann, umso stärker wuchsen Brochs Zweifel am Sinn der eigenen Arbeit: *Die ärgste Narretei ist wohl, daß ich eine so unsagbar große Arbeit in dieses Buch hineinstecke, nämlich künstlerische Arbeit: ich habe mir eine inhaltliche und sprachliche Kontrapunktik zurechtgelegt, die mich schier erdrückt, obwohl ich weiß, daß der Roman überhaupt eigentlich wenig mit Kunst zu tun hat.*[318] Diese Selbstzweifel erweiterten sich zum Zweifel an der Literatur überhaupt. Im November 1936 heißt es in seinen Briefen: *Je älter ich werde,* – Broch war gerade fünfzig geworden – *und je mehr ich mein eigenes Leben betrachte, desto klarer wird mir, daß das eigentliche Positive in dieser Schlichtheit und in dieser schlicht menschlichen Beziehung, sagen wir ruhig des Herzens, liegt […].*[319] Dieser radikale Zweifel am Sinn seiner künstlerischen Ar-

Mit Frank Thieß in Altaussee, 1936 (Foto: Trude Geiringer)

beit – das Thema des späteren *Vergil*-Romans wird bereits präludiert – verband sich mit einer erstaunlichen politischen Hellsichtigkeit: *Das Buch wird sicherlich ein richtiges Kunstwerk, aber abgesehen davon, daß die Fertigstellung doch bis in den nächsten Weltkrieg hineinreichen wird, fragt man sich unausgesetzt: wozu? warum? für wen? und das macht die Arbeit im Grunde unmoralisch.*[320]

Insgesamt arbeitete Broch ein gutes Jahr an der Ausweitung des Romans nach der Fertigstellung der ersten Fassung[321]. Im November 1936 gab er die Arbeit auf: *Ich habe mir viel von diesem neuen Buche versprochen, und vielleicht ist es die Enttäuschung, nicht so weit vorgestoßen zu sein, wie ich erhofft habe, die mich jetzt zu der Bilanz und vor neue Entscheidungen stellt: wahrscheinlich ist es die Selbsterkenntnis unzureichender dichterischer Gelöstheit, die mich dazu zwingt, denn immer noch ist das, was ich gemacht habe und mache, zu sehr von rationaler Erkenntnis durchtränkt und gerät ins ‹Ausdeutende›. […] Ich habe den Roman nochmals durchgelesen. Auch in ihm lebt die Tendenz zur Selbstauflösung der Erkenntnis, ja auch in ihm lebt eine gewisse Sehnsucht nach dem Dogmatischen, aber auch er ist noch zu sehr dem Rationellen verhaftet. Daher die ironische Haltung, gegen die ich mich wehre: denn Ironie kann und darf nicht im Dienste der Erkenntnis stehen.*[322] Die integrierende, über die komplizierten Hürden der Rationalität zu einer neuen poetischen Einfachheit vorstoßende Darstellung, die Broch bei der Arbeit an diesem Projekt vorschwebte, blieb ihm verwehrt. Er brach seinen Aufenthalt in Altaussee ab und kehrte nach Wien zurück. Der Bruder Fritz hatte versucht, sich durch einen Überrumpelungs-Coup das restliche Vermögen der Mutter, das noch aus 45 000 Schillingen Barvermögen und den beiden Häusern in der Laimgrubengasse 2 im VI. Bezirk und in der Weimarer Straße 64 im XIIX. Bezirk bestand, anzueignen. Die Mieteinnahmen waren bisher an Broch gegangen, der damit aber zugleich den Lebensunterhalt der Mutter und seines Sohnes zu bestreiten hatte. Es kam zu einer komplizierten gerichtlichen Auseinandersetzung, an der sich auch der Sohn mit einem eigenen Anwalt beteiligte.

Broch reagierte psychosomatisch mit einer Herzattacke und wurde in eine Phase tiefer Ratlosigkeit gestürzt: *All mein Bemühen, vielleicht sogar Verzweiflung (wenn man es pathetisch ausdrücken will) gilt der Suche des wahrhaft wesentlichen Arbeitsgebietes, mit dem man sich den Rest dieses Lebens noch befassen soll, muß, darf. Manchmal habe ich Hoffnungen […].*[323] Die Arbeit kam in Wien vollends zum Erliegen: *Der Roman ist durch den Wiener Aufenthalt und alle übrigen Ablenkungen und Abhaltungen völlig ins Stocken geraten.*[324] Broch hörte zu dieser Zeit auf, das ursprüngliche Romanprojekt weiter auszudehnen, und begann stattdessen die erste Fassung stilistisch zu bearbeiten. Die Manuskripte dieser beiden Fassungen blieben erhalten.

Bereits die erste Fassung umfasst alle zwölf Kapitel mit dem Vor- und Nachwort des Erzählers. Die zweite Fassung besteht aus sieben Kapiteln und einem Teil des achten, sie enthält nicht das Vorwort des Erzählers. Beide Manuskripte haben ungefähr den gleichen Umfang – die erste Fassung umfasst in der textkritischen Synopse-Edition von 1969 439 Seiten und in der fragmentarischen zweiten Fassung 523 Seiten –, obwohl die zweite Fassung weniger als drei Viertel der Handlung der ersten enthält. Der Grund für diese Ausweitungen in der zweiten Fassung liegt vor allem in der Ausarbeitung der großen Landschaftsbeschreibungen und der sich ins Mystische steigernden Prosahymnen. Fast jeder Satz der ersten Fassung ist in der zweiten verändert worden. Die Intensität, mit der Broch an dieser Neufassung arbeitete, war also beträchtlich. Das sechste Kapitel der zweiten Fassung wurde unter dem Titel *Angst* 1939 in der von Thomas Mann herausgegebenen Zeitschrift «Maß und Wert» veröffentlicht.

Broch kehrte, ohne dass die Erbstreitereien zu seiner Zufriedenheit geklärt worden wären, wieder nach Altaussee zurück und setzte die Umarbeitung des religiösen Romans fort: *Das Ärgste bei alledem ist, daß das Menschliche so sehr zu kurz kommt; ich führe ein ausgesprochen grauenhaftes Leben, für das die absolute Einsamkeit noch die optimale Situation bedeutet, wie ich ja auch jetzt aufatme, der Wiener Qual entronnen zu sein.*[325] Veröffentlicht hat er in dieser Zeit, verglichen mit den Jahren davor, sehr wenig. Nach Altaussee zurückgekehrt und stockend mit der Weiterarbeit am religiösen Roman beschäftigt, versuchte er, mit Hans Vlasics, der als Lehrer und Heimatschriftsteller in Altaussee lebte, zu einer ganz einfachen Sprachform im Gedicht zu kommen: Er schrieb mit Vlasics zusammen eine Reihe von Hausinschriften, von denen zehn 1938 im siebten Heft der «Neuen Rundschau» veröffentlicht wurden. Allerdings nahm Broch eine distanzierte Haltung zu diesen kurzen Spruchgedichten ein, und in einem Brief bemerkte er zu den beiden Sprüchen *Rathaus* und *Siedlerhaus*: *Sie erscheinen mir ein wenig witzblattmächtig, und da ich diesem Dichter [Vlasics] nun schon einmal zur Öffentlichkeit verhelfe, fühle ich mich für ihn einigermaßen verantwortlich.*[326] Interessant ist, wie Vlasics seinerseits diese Zusammenarbeit mit Broch gesehen hat: «Sein [Brochs] Interesse an dieser knappen lyrischen Form vertiefte sich jedoch, und er schrieb selber einfache Haussprüche, in denen er eine unmittelbare Wirkung durch das Wort auf ein möglichst breites Publikum anstrebte.»[327]

Broch hatte sich ganz an die Peripherie der Wirklichkeit zurückgezogen, um sich völlig auf seine literarische Arbeit zu konzentrieren. Aber die Wirklichkeit holte ihn ein. Die politischen Wetterzeichen nahm er auch in seinem landschaftlichen Refugium wahr: *Ich schob, der durch Familienverhältnisse gebunden war, meine Flucht auch immer wieder hinaus […].*[328] Anfang 1938 begann die Expansionspolitik des Dritten Reiches erste Früchte zu tragen. Österreich ließ sich insgesamt mit großem Jubel heim ins Reich führen. Der politische Terror begann auch in Österreich zu wirken. Die Folge war eine erste Welle von Verhaftungen. Am 13. März 1938 wurde Broch in Altaussee verhaftet und ins Bezirksgericht Bad Aussee als Untersuchungshäftling eingewiesen.

1933: autoritäres Regierungssystem in Österreich unter Kanzler Engelbert Dollfuß, Ausschaltung des Parlamentes und der Parteien, Machtbasis «Vaterländische Front».
Juli 1934: gescheiterter Putschversuch der österreichischen Nationalsozialisten, Ermordung von Dollfuß.
Juli 1936: Abkommen zwischen Österreich und dem Deutschen Reich, von Mussolini geduldete Forderungen Hitlers an Kanzler Kurt Schuschnigg, Nationalsozialisten in die Regierung aufzunehmen, schließlich ultimative Forderung, die Regierung an den Nationalsozialisten Arthur Seyß-Inquart zu übergeben.
12. März 1938: Einmarsch der deutschen Truppen in Österreich auf angebliches Ersuchen Seß-Inquarts, Jubel der österreichischen Bevölkerung.
14. März 1938: «Gesetz über die Wiedervereinigung Österreichs mit dem Deutschen Reich».

Auf der Flucht

Die Gestapo hatte Broch verhaftet, «weil man ihn in Deutschland als liberalen Schriftsteller fürchtete und seine Bücher verbannt und auf die schwarze Liste gesetzt worden waren»[329]. Nicht Brochs Judentum war zu dieser Zeit das Motiv für seine Inhaftierung. Entgegen der Legende von einer mehrmonatigen Haft bleibt festzuhalten, dass die Haft nicht länger als drei Wochen dauerte. Und auch entgegen der Legende von der lebensbedrohlichen Situation, in der sich Broch dadurch befand, hat Broch dem österreichischen Schriftsteller Robert Neumann, der ihm bei der Flucht nach England behilflich war, unmittelbar danach die Situation noch anders dargestellt: «Seine Ausseer ‹Kerkermeister›, brave Leute dort, die Broch und ich seit langen Jahren kannten, waren höchst verlegen darüber, daß sie ‹auf Befehl der Saunazis› einsperren mußten – sie ließen ihn los nach drei Wochen reglementwidrig komfortabler Haft, während derer ihm tatsächlich eine seiner Kurzgeschichten noch einmal zwischen die Finger kam: *Tod des Vergil*.»[330] Broch selbst spricht später von einem Schock, den er trotz der relativen Kürze der Haft erlitten habe und der Furcht, nicht mit dem Leben davonzukommen: *Ich habe einen schweren Chok erlitten, und er hat mich in einem Zustand getroffen, der durch die vorhergehenden zwei Jahre schon völlig deroutiert gewesen ist.*[331] An anderer Stelle äußert er: *Es war ein Zustand, der mich zwingender und zwingender zur Todesvorbereitung, zu sozusagen privater Todesvorbereitung nötigte. Zu einer solchen entwickelte sich die Arbeit am «Vergil» […]. Es war nicht mehr das Sterben des Vergil, es wurde die Imagination des eigenen Sterbens.*[332] Ungeachtet aller rückblickenden Selbststilisierung, die hier auch am Werk ist, lässt sich dennoch nicht verkennen, dass Broch in eine Situation gestellt war, die ihm ein schon vorher mehr oder weniger zufällig behandeltes Thema zum Lebensthema werden ließ: *Die Wahl meines Themas […] war reiner Zufall. Zu Pfingsten 1935 wurde ich nämlich aufgefordert, die Pfingstfeier des Wiener Rundfunks mit einer Vorlesung aus meinen Dichtungen einzuleiten. […] Ich ging zum literarischen Rundfunk-Direktor, der bezeichnenderweise Dr. Nüchtern hieß, und schlug ihm vor, er möge mich etwas Interessantes lesen lassen, z. B. über ein geschichtsphilosophisches Thema «Literatur am Ende einer Kultur». Indes damit hatte ich kein Glück […]. So versprach ich ihm, mein Thema «Kultur-Ende und Literatur» in einer Kurzgeschichte unterzubringen. […] Ich wußte um die Legende, nach welcher Vergil die Äneis hatte verbrennen wollen, und durfte daher annehmen, daß ein Geist wie der Vergilsche nicht durch nichtige Gründe zu solcher Verzweiflungsabsicht getrieben worden ist, sondern daß der gesamte historische und metaphysische Gehalt der Epoche da mitgewirkt hat. Die erste Niederschrift, die Radio-Kurzgeschichte, war also eine recht rudimentäre Angelegenheit von etwa 20 Seiten.*[333]

Broch, der sein Studium nicht zuletzt des nicht vorhandenen Latinums wegen abgebrochen hatte, war nicht unbedingt ein Kenner der antiken Literatur. Aber 1930 war der 2000. Geburtstag Vergils gefeiert worden und hatte eine Fülle von Monographien nach sich gezogen, von denen besonders das 1931 von Theodor Haecker publizierte Vergil-Buch «Vergil – Vater des Abendlandes» enthusiastisch rezipiert worden war. Das Thema hatte Broch auch in der Zwischenzeit nicht losgelassen, und bereits 1937 war eine zweite Fassung der Vergil-Erzählung entstanden.[334] Eine dritte Fassung entstand gleichfalls bereits Ende 1937 unter dem Titel *Erzählung vom Tode*[335]. Bereits am 11. Dezember 1937 hatte Broch im Rahmen einer Vortragsreihe, die «Zyklus österreichischer Dichter» betitelt war, Passagen aus der Vergil-Erzählung vorgetragen. An dieser dritten Fassung hat Broch dann im Ausseer Gefängnis weitergearbeitet. Die Kontinuität der Arbeit daran relativiert also etwas den Nimbus der von Broch später behaupteten schockhaften Schicksalsverkettung, die ihm dieses Thema nach seiner Verhaftung zur existenziellen Parabel werden ließ. Denn das wurde es in der Tat und erst recht in den Jahren der Emigration.

War schon der Zweifel an der Existenzberechtigung der Literatur in den Jahren vor der Haft ständig in Broch gewachsen, so trat in der Haft die Bedrohung des eigenen Lebens mit hinzu, um dieses Thema zum Gleichnis seiner unmittelbaren Lebensproblematik werden zu lassen. Broch bat seinen Gefängniswärter in Bad Aussee um Papier, und da dieser ihm nichts anderes geben konnte als so genannte Viehpässe, die man beim Transport von Vieh benutzt, begann er seine Erweiterung der Vergil-Erzählung auf einem solchen Viehpass niederzuschreiben: *Ich erweiterte die Ursprungs-Fassung zu beiläufig 80 Seiten, und da sich das gleichfalls als unzulängliches Format zur Bewältigung der schier unerschöpflichen Motivenmasse erwies, gab es nur noch einen Entschluß, nämlich sich an diese heranzuwagen und den Versuch ihrer Verarbeitung aufzunehmen […]. Das ‹Schreiben› […] war also ein völlig privater Akt, der mit der Überzeugung eines ‹Kunstwerkes› oder gar mit seiner Veröffentlichung nicht das geringste mehr zu schaffen hatte, ganz abgesehen davon, daß ich schon aus äußerlichen Gründen (Hitler) keine Veröffentlichungsmöglichkeit mehr sah.*[336] Hier setzt bereits die legendenhafte Umschrift der Entstehungsgeschichte des *Vergil* ein. Auch bei der schweren Erkrankung, die ihm als Folge der Verhaftung das Attest eines jüdischen Arztes bescheinigte – «schwere Colitis (Dickdarmkatarrh)»[337] –, handelte es sich wohl eher um einen Akt der Hilfsbereitschaft, zumal Broch zeit seines Lebens unter Magenproblemen litt.

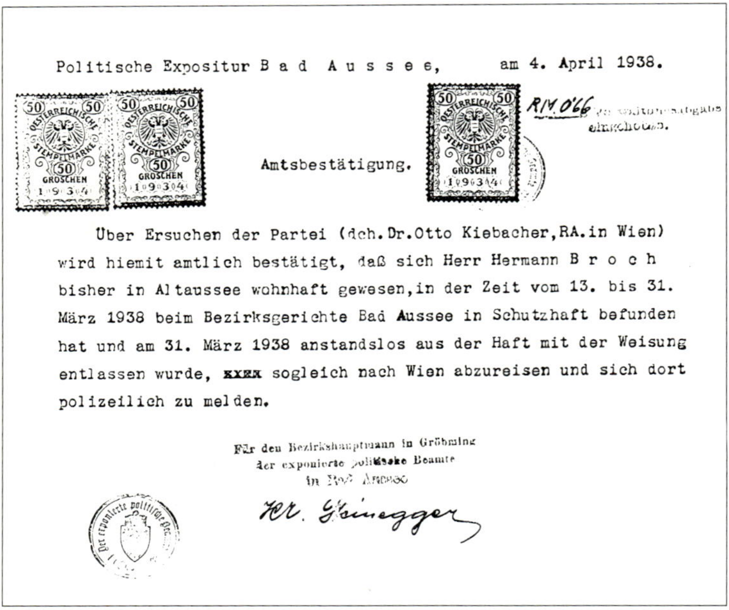
Politische Expositur B a d A u s s e e, am 4. April 1938.

RM 0'66

Amtsbestätigung.

Über Ersuchen der Partei (dch. Dr. Otto Kiebacher, RA. in Wien) wird hiemit amtlich bestätigt, daß sich Herr Hermann B r o c h bisher in Altaussee wohnhaft gewesen, in der Zeit vom 13. bis 31. März 1938 beim Bezirksgerichte Bad Aussee in Schutzhaft befunden hat und am 31. März 1938 anstandslos aus der Haft mit der Weisung entlassen wurde, xxxx sogleich nach Wien abzureisen und sich dort polizeilich zu melden.

Für den Bezirkshauptmann in Gröbming
der exponierte politische Beamte
in Bad Aussee

Haftentlassungs-Bescheid vom 4. April 1938

Broch begab sich nach der Haftentlassung nach Wien, traf Vorsorge für die Menschen, für die er sich verantwortlich fühlte, und versuchte zugleich seine Flucht vorzubereiten: *Die schlimmste Zeit kam nämlich erst nachher, und ich kann sagen, daß ich messerscharf und nur infolge eines besonderen Glückes einige Male einer neuerlichen Verhaftung entgangen bin, und damit aber auch Dachau, das mir diesmal sicher gewesen wäre. Dazu kam die Sorge um die Mutter und E.[a] A.[llesch], deren gemeinsame Vermögensbasis zweifelsohne durch meine Verhaftung völlig zusammengebrochen war. […] Und schließlich gab es fürchterliche Geschichten, die eine neuerliche schwere Bedrohung des Vermögens, aber auch meiner Person nach sich zogen.*[338]
Broch machte noch andere bittere Erfahrungen: *Nach meiner Haftentlassung im März 1938 waren fast alle meine nicht-jüdischen Bekannten spurlos von der Erdoberfläche verschwunden. Frank Thieß war einer der ganz wenigen, welche es wagten, mit mir ohne Scheu den*

«Meine arme Mutter» –
Johanna Broch um 1940

Verkehr aufrechtzuerhalten.[339] Und später hat er darüber berichtet: *Ich war doch 38 in Österreich, und was ich da an Spießbürgergemeinheit und -niedertracht erlebt habe, ist schlechterdings unschilderbar.*[340] Eine Flucht schien vorerst ausgeschlossen, da sein Pass von der Gestapo beschlagnahmt worden war: *Nebenher lief der Kampf um Paß und Visen; mein Paß lag drei Wochen bei der Gestapo, und als ich ihn endlich hatte, war mein englisches Visum infolge eines unbeabsichtigten Fehlers von Seiten Anjas [Herzog] irrtümlich von Wien nach Paris intradiert worden, u. zw. via London, so daß das Wiener Konsulat keine Ahnung hatte, warum das Visum zurückgezogen worden ist. Und es hat wieder fast drei Wochen gedauert, bis man in London diesen Irrläufer aufgefunden hat. Und zu alledem konnte ich wegen des englischen Königsbesuches nicht nach Paris, und selbst nachher gab es noch immer Formalschwierigkeiten, die meine Abreise um weitere Tage hinausgeschoben hätten, umso mehr als ich ja dann erst mich um die schweizeri-*

sche Durchreise hätte bewerben können. Da jede Stunde die katastrophale Gefahr in sich barg, nun doch noch gefaßt zu werden, durfte ich Gott nicht weiter versuchen und bin kurzweg nach London abgeflogen. Daß ich dies alles überstanden habe, ist ein ausgesprochenes Wunder. Ich kann bloß sagen, daß die Haft ein Paradies dagegen war, was ich in diesen Wochen durchgemacht habe. In London war ich vorerst vor den Kopf geschlagen und nahezu völlig apathisch. Und dann war ich von früh bis abend auf den Beinen, in erster Linie, um Wege für Zurückgebliebene zu machen, vor allem für meinen Bruder. […] Im übrigen habe ich allenthalben so viel Hilfsbereitschaft, Freundschaft und Menschlichkeit angetroffen, daß ich ganz gerührt bin. Und wenn ich an die in Wien Zurückgebliebenen denke, so erscheint mir die Gunst des Schicksals mehr als unverdient; dies habe ich schon in dem Augenblick empfunden, als das Flugzeug aufgestiegen ist […].[341] Das englische Visum hatte Edwin Muir Broch beschafft, und im Juli 1938 reiste Broch nach St. Andrews, Schottland, und wurde dort gastfreundlich im Hause der Muirs aufgenommen. Broch war fast mittellos, sein einziges Gepäck waren die Manuskripte des religiösen Romans und des begonnenen *Vergil*-Romans.

Broch war fast ganz auf sich gestellt, und seine Situation in England war ziemlich hoffnungslos. Zwar hatten Franz Werfel und Robert Neumann den österreichischen PEN-Club in England neu gegründet und waren auch für Broch bei der Visumbeschaffung hilfreich gewesen. Aber finanzielle Mittel der Unterstützung waren mehr als rar. Sie hatten große Mühe, finanzielle Unterstützung für die Exilierten aufzutreiben. Das erklärt auch, weshalb Broch nicht in England blieb. Schon am 1. Juli 1938 hatte Broch in Wien ein amerikanisches Visum beantragt. Aber die Beschaffung der Bürgschaften bereitete ihm Schwierigkeiten. Offensichtlich wandte er sich Hilfe suchend an Thomas Mann, und mit seiner Hilfe gelang es, die Bewilligung eines Visums zu erhalten. *Thomas Mann hat meine Fahrt nach Amerika ermöglicht*[342], hat Broch später bekannt. Vorher hatte Frank Thieß auf sich genommen, eine Reihe von Manuskripten Brochs nach England zu schmuggeln, ein Freundschaftsdienst, den Broch ihm zeit seines Lebens hoch anrechnete. Als sich Broch Ende September in London aufhielt, um nach einer preiswerten Schiffspassage Ausschau zu halten, erwies sich der Schriftstellerkollege Stephen Spender, den Broch seit der englischen Veröffentlichung der *Schlafwandler* kannte, als wahrhaft großzügig. Er schenkte ihm 600 Dollar und gab ihm die Adressen von Freunden in den USA mit, die Broch würden helfen können. Broch erwarb eine Schiffskarte auf der T. S. S. Statendam der Holland-America-Line und musste die Kabine mit zwei Mitreisenden teilen. Als er Anfang Oktober in Southampton an Bord ging, befand sich die Freundin Jadwiga Judd in seiner Begleitung, die gleichfalls in die USA ausreiste. *Zwei Tage nach München*[343] betrat Broch zum zweiten Mal amerikanischen Boden und diesmal für immer.

Die Jahre des amerikanischen Exils

Arbeit am «Vergil» und an der Massenpsychologie

Ich [...] wohne hier in New York gegenüber der Columbia Universität in einem kleinen Boardinghouse [...]. Ich werde wahrscheinlich nächste Woche in ein anderes Studentenhaus übersiedeln [...]. Von New York habe ich demgemäß auch nicht viel gesehen, doch was ich gesehen habe, ist imponierend. Natürlich ist dieses Leben nicht unser Leben, aber es ist eben das der modernen Stadt schlechthin, verpönt also, dennoch großartig und mit allen Gefahren des Nazitums durchsetzt, wenn eben nicht rechtzeitig eingegriffen wird.[344] In dem Bryn-Mawr-Apartmenthaus, in dem Broch für das erste halbe Jahr untergekommen war, wohnte auch Jadwiga Judd, die sich um Broch kümmerte. Broch sah Amerika aus einer gewissen Distanz und nicht aus der Hoffnungsperspektive des normalen Einwanderers, für den Amerika zum Gelobten Land wird. Dem Freund Stephen Hudson schrieb er nach England: *[...] das Leben in Amerika hängt absolut vom äußeren Erfolg ab, und wenn ich meinen sogenannten Ruhm nicht auffrische, so kann ich auch in weltanschaulicher Hinsicht nicht wirken. Ich kann nicht sagen, daß mir die lärmende Rauheit, mit der dies hier alles vonstatten geht, sympathisch wäre. Ich glaube nicht, daß ich in Amerika jemals jenes Heimatgefühl haben werde, wie ich es in England hatte [...].*[345] Unter den wenigen Dingen, die Broch sich aus Schottland nachschicken ließ, waren seine Lieblingspfeife, vier Wörterbücher und Kafkas «Tagebücher». Während seiner ersten Wochen in New York konzentrierte sich Broch intensiv auf seine schriftstellerische Arbeit, aber nicht in literarischer Selbstversenkung, sondern in Reaktion auf das, was Thomas Mann die Forderungen des Tages genannt hatte: *Nichtdestoweniger arbeite ich mit aller Intensität weiter, um vor allem die beiden Bücher fertig zu bekommen; denn bei aller, ach so berechtigten Mißachtung der Literatur sind ja diese Bücher noch etwas wert, und außerdem muß ich davon leben, wenigstens solange, bis ich mir jenes Arbeitsgebiet geschaffen habe, das mir im Augenblick als das dringliche und wichtige erscheint.*[346] Dieses neue Arbeitsgebiet diktierte ihm gleichsam die Zeitgeschichte. Er begann sich mit politischer Theorie und Staatstheorie auseinander zu setzen und in der Erkenntnis: *Mit einem bloßen Gerede über Demokratie oder Nicht-Demokratie ist nichts getan*[347] seine 1933 geschriebene Völkerbundresolution[348] für den Druck vorzubereiten: *Was das neue Arbeitsgebiet, aber das eben auch so notwendige Geldverdienen anlangt, so habe ich soeben an Lion geschrieben, ob er nicht doch noch jene Völkerbundresolution «Aufforderung an einen nicht-existenten Völkerbund» jetzt abdrucken möchte. Soweit ich die bisherige Literatur (inklusive der Mannschen Enunziationen) verfolgt habe, ist meine Arbeit noch weitaus die konstruktivste […].*[349] In einem Anflug von Selbstironie oder Größenwahn gestand er zugleich: *Ich glaube, daß mir die beiden neuen Bücher inklusive der Resolution schließlich den Nobelpreis eintragen werden […].*[350] Dieser Optimismus stand am Anfang von Brochs Emigrantenjahren. Die niederdrückenden Erfahrungen lagen noch vor ihm. Ferdinand Lion, der damals mit Thomas Mann zusammen die Zeitschrift «Maß und Wert» herausgab, hat Brochs Völkerbundstudie nicht veröffentlicht, aber dafür 1939 ein Kapitel aus der zweiten Fassung des Bergromans gedruckt. Nichtsdestoweniger setzte Broch seine *wissenschaftliche Arbeit, die durch die New Yorker Bibliothek sehr gefördert war*[351], fort. Broch hatte inzwischen erste Freunde kennen gelernt. Schon am zweiten Tag seiner Ankunft in New York war er beim Danksagungsbesuch bei der American Guild for German Cultural Freedom, die ihn unterstützte, mit Erich von Kahler bekannt geworden, der bald zu einem seiner engsten Freunde im amerikanischen Exil wurde. Der Literaturwissenschaftler Henry Seidel Canby, der als Professor an der Yale University angestellt war

In die USA emigrierte deutsche und österreichische Schriftsteller: Thomas Mann, Heinrich Mann, Bertolt Brecht, Alfred Döblin, Alfred Polgar, Berthold Viertel, Ludwig Marcuse, Erich von Kahler, Bruno Frank, Curt Goetz, Lion Feuchtwanger, Hans Habe, Franz Molnar, Alfred Neumann, Franz Werfel, Erich Maria Remarque, Leonhard Frank, Friedrich Torberg, Ferdinand Bruckner, Richard Huelsenbeck, Ernst Toller, Kurt Pinthus, Richard Beer-Hofmann, Carl Zuckmayer, Walter Mehring, Fritz von Unruh, Hermann Kesten, Emil Ludwig, Alexander Roda-Roda, Albert Ehrenstein, Johannes Urzidil.

und zugleich die in New York erscheinende «Saturday Review of Literature» herausgab, wurde zum Berater und Freund und lud ihn in sein Haus nach Killingworth ein, wo Broch einige Monate in der ländlichen Abgeschiedenheit Connecticuts verbrachte. Broch liebte die Landschaft Neuenglands, und Canby erfüllte ihm später seinen Wunsch und bestattete ihn ganz in der Nähe seines Hauses auf einem uralten Dorffriedhof. Der Aufenthalt bei den Canbys tat Broch in jeder Beziehung gut: *Ich bin jetzt außerhalb von New York, auf dem Landgut Prof. Canby's, teils um mich zu erholen, teils um den «Vergil» fertigzustellen, und dieser Aufenthalt ist mir in jeder Beziehung zuträglich, insbesondere auch um meine zerrüttete Ökonomie, die während der Wintermonate in einen argen Zustand geraten ist, wieder auf gleich zu bringen […].*[352] Canby hat Broch später immer wieder zu helfen gesucht. Als 1942 die Bewilligung eines Rockefeller-Stipendiums auf sich warten ließ und Broch, völlig ohne Geld, in Panik geriet, schrieb Canby ihm: «Ich habe einiges Geld auf einer Sparkasse, das praktisch keine Zinsen bringt, und kann es Ihnen gern zur Verfügung stellen.»[353] Die American Guild gewährte Broch ab März 1939 ein kleines Stipendium: *Seit März beziehe ich eine Rente von $ 50,– von der American Guild und damit hoffe ich, wenn auch nicht üppig, so doch für meine Bedürfnisse ausreichend bis zur Fertigstellung meiner Bücher durchhalten zu können.*[354] Bis Anfang Mai blieb Broch in Killingworth. Ende Mai 1939 wurde er von Thomas Mann zur Feier seines Geburtstags nach New York ins Plaza Hotel eingeladen. Canby hatte Broch inzwischen einen sechswöchigen Aufenthalt in die 1926 begründete Künstlerkolonie Yaddo in Saratoga Springs im Staat New York vermitteln können. Broch trat seinen Aufenthalt am 20. Juni 1939 an: *Augenblicklich sitze ich hier in ‹Yaddo› in einer unglaublich luxuriösen und darob schon beinahe komischen Schriftstellerstiftung […].*[355] Jean Starr Untermeyer, die spätere Übersetzerin des *Vergil*, die Broch auf dem Bankett für Thomas Mann in New York kennen gelernt hatte, traf er in Yaddo wieder. Sie hat in ihren Erinnerungen über Brochs Aufenthalt dort berichtet.

Broch fühlte sich in Yaddo wohl. Gelegentlich ging er mit Richard Bermann und Jean Starr Untermeyer ins Kino – in seinen letzten Jahren wurde er zu einem sehr eifrigen Kinogänger –, aber die meiste Zeit arbeitete er an der vierten Fassung des *Vergil*: «Er war eifersüchtig auf jede Minute, die er fern von seinem Arbeitstisch verbrachte […].»[356] Diese von finanziellen Sorgen unbelastete Zeit machte Broch fast übermütig: *Sonderbarerweise geht mir das Gefühl der Existenzsorge vollkommen ab, und ich meine stets, daß sich dies noch rächen wird.*[357] Als Ende Juli 1939 das Honorar für die Veröffentlichung des *Angst*-Kapitels in «Maß und Wert» – 75 Dollar betrug die Summe – bei ihm eintraf, stellte Broch, der das Geld selbst bitter benötigte, es der «American Guild» zur Verfügung für die *Hilfe bedürftiger Emigrationskollegen*[358]. Broch wäre gern noch länger in Yaddo geblieben, aber eine Verlängerung seines Aufenthalts wurde abschlägig beschieden. Albert Einstein, der Brochs Visumsantrag mitunterstützt und bei dem sich Broch gleich nach der Ankunft in New York mit einem persönlichen Besuch in Princeton bedankt hatte, sprang als Gastgeber ein: *Ab 15. August bis zum 15. September bin ich bei Einstein in Princeton N. J.*[359] Einstein war mit seiner Familie in die Ferien gefahren und hatte Broch sein Haus für einen Monat überlassen. Die persönliche Beziehung zu Einstein war von Dauer. Wenn Broch später Stipendien von diversen Stiftungen beantragte, so konnte er immer mit einem Gutachten Einsteins rechnen. Einstein selbst hat über den damals entstehenden *Vergil*-Roman bezeugt: «Ich bin fasziniert von Ihrem *Vergil* […].»[360] Durch diesen Aufenthalt in Princeton, wo ihn auch Thornton Wilder besuchte, vertieften sich auch die freundschaftlichen Kontakte zu Erich von Kahler und seiner Frau. Kahler war als Germanistikprofessor an der Cornell University tätig,

Albert Einstein als Ehrendoktor der Universität Oxford

zeitweise auch als Gastprofessor an der Princeton University. *Wo ich über den Winter sein werde, weiß ich nicht. Wahrscheinlich entweder in Princeton oder in irgend einer anderen Universitätsstadt. Denn ich arbeite sehr viel wissenschaftlich, und im Grunde meines Herzens möchte ich ja immer mehr auf Mathematik und Logik und Physik übergehen.*[361] Thomas Mann, der damals in Princeton lebte, lud Broch gelegentlich ein. Die Reserviertheit, die für die Haltung Thomas Manns galt, wurde allmählich abgebaut, und es entstand so etwas wie eine distanzierte Freundschaft. Broch, dessen wirtschaftliche Überlebensprobleme durch ein kleines Stipendium des Oberlaender Trust New York gemindert worden waren, erhielt schließlich nicht zuletzt durch die Fürsprache Thomas Manns ein Stipendium der Guggenheim Foundation für die Weiterarbeit an seinem *Vergil*-Projekt. Die anderen Gutachten hatten Thornton Wilder und Henry S. Canby beigesteuert. Broch entschloss sich, in Princeton zu bleiben. Im Hause Erich von Kahlers fand er für die nächsten Jahre eine Bleibe, die ihm Ruhe für seine Arbeit gab und zugleich in den Gesprächen mit Kahler wertvolle Anregungen. Kahlers Frau und seine Mutter, «Mama Kahler», sorgten für eine menschliche Atmosphäre, in der sich Broch wohl fühlte: *Ich lebe hier in Princeton im Hause Erich Kahlers, eines Vetters von Beer-Hofmann (den ich von Zeit zu Zeit sehe, ebenso wie Mirjam und Naema). […] Kahler ist ein reizender liebenswerter Freund.*[362] 1949 schrieb Broch an Kahler: *Die Jahre bei Dir, mein Alter, waren wahrscheinlich die letzten guten Jahre […] meines Lebens, und mir gruselt ein wenig vor dem Lebensabend.*[363] An anderer Stelle berichtete Broch: *Ich glaube, Ihnen bereits geschrieben zu haben, daß ich hier in Kahlers Haus wohne, eine für mich sehr glückliche Lösung meines hiesigen Lebensproblems, um so mehr als Kahler einer der menschlichsten und reifsten Menschen ist, die ich kenne.*[364] Und über Beer-Hofmann heißt es in einem Brief: *Der alte Beer-Hofmann*

Erich von Kahler (1885 Prag – 1970 Princeton, USA), Kulturphilosoph und Literaturwissenschaftler, lebte seit 1900 in Wien, später in Heidelberg und München, enge Kontakte zum George-Kreis. Ging ins Schweizer Exil, kam dann auf Anraten Thomas Manns in die USA, lehrte deutsche Literatur zuerst an der Cornell University, später an der Princeton University. In der Zeit zwischen Juli 1942 bis Juni 1948 lebte Broch im Hause von Kahlers in Princeton.

Erich von Kahlers Haus in Princeton, wo Hermann Broch von 1942 bis 1949 lebte (Foto: Friedrich Seel)

[ist] einer der liebenswürdigsten Dichterfürsten, die ich kannte, majestätisch und dabei jüdisch-witzig [...].[365] Im Haus Kahlers entstand damals Brochs Entwurf zu seiner *Psychischen Selbstbiographie*, in der dieser in seinem Denken und Fühlen bis zuletzt europäisch bleibende Autor sich das Ziel setzte: *[...] immer mehr in das spezifisch amerikanische Leben einzudringen, ich muß dies umsomehr tun, als ich für meine Arbeit mir einen politischen Widerhall schaffen muß, und all dies kann ich bloß durch intensive Selbstamerikanisierung erreichen.*[366]

Im Sommer 1940 kam Stefan Zweig zu einem Besuch in die Vereinigten Staaten, und Broch, der ihn von der Arbeit an seinem ersten Drama her bereits näher kannte, übergab ihm das Manuskript des *Vergil* zum Lesen und bat um sein Urteil: «Er las das noch unabgeschlossene Manuskript des *Tod des Vergil* und bezeichnete es als das größte Werk, das in Europa alle hundert Jahre zu erscheinen hat – aber ebenso als unübersetzbar. Dann, schrieb Broch, zeigte ich ihm Ihre Übersetzung der Elegien. ‹Unglaublich›, rief er aus, ‹das ist Ihre einzige Chance›.»[367] Broch bat Jean Starr Untermeyer, die bereits in Yaddo die Elegien des *Vergil*-Romans übersetzt hatte, die Übersetzung des ganzen Buches zu übernehmen. Nach einigem Zögern nahm sie an: «Ich begann mit einem Spruch, aber es wurde ein Urteilsspruch auf Lebenslänglich daraus.»[368] Vier Jahre sollte die Übersetzungsarbeit des Buches beanspruchen. Die deutsche Fassung des *Vergil* war noch keineswegs abgeschlossen, sodass sich für Broch, der ständig die Übersetzung überprüfte – Jean Starr Untermeyer kam deshalb häufig von New York nach Princeton – und oftmals recht eigenwillig sein konnte, eine Arbeit auf zwei Ebenen an diesem Buch ergab: die Originalfassung abzuschließen und zugleich die parallel entstehende Übersetzung zu überwachen. In ihren Erinnerungen berichtet die Übersetzerin: «Eine Bedingung, auf der Broch bestand, machte mir viel Kummer. Das englische Manuskript wurde in sechs Durchschlägen geführt. Broch änderte fortwährend am Text, und wenn eine Änderung in einem Teil des Werkes gemacht war, musste sie logischerweise in jedem Abschnitt, in dem die Idee auftrat, nachgetragen werden. Als das Manuskript auf viele hundert Seiten angewachsen war, wurde es eine nervenaufreibende Aufgabe, diese dünnen Blätter auszuwechseln und neue einzusetzen.»[369]

Ende September 1939 hatte Broch die Arbeit an der deutschen Fassung des *Vergil* wieder aufgenommen. Emmy Ferand, die inzwischen ebenfalls aus Frankreich in die Vereinigten Staaten emigriert war und in New York lebte, half ihm dabei. Das damalige Manuskript des Romans befand sich offensichtlich bei Emmy Ferand, denn Broch schickte ihr jeweils die neu geschriebenen Seiten und bat sie, diese dem Manuskript einzufügen. Anfang Februar 1940 war offensichtlich die – wenn man alle Arbeitsphasen chronologisch zusammennimmt – vierte Fassung beendet worden, aber Broch begann sofort mit der Umarbeitung dieser Fassung: *Anbei der ‹Vergil›-Schluß. Jetzt sollst Du ihn lesen, wenn Du Zeit hast. Außerdem liegt die erste Partie der Anfangsseiten bei.*[370] Diese Fassung hat dann wohl Stefan Zweig gelesen. In der Folgezeit arbeitete Broch intensiv weiter an dieser Fassung und schickte immer wieder *Auswechslungsseiten*[371] an Emmy Ferand und bat sie gleichzeitig, die alten Seiten zu vernichten. Zugleich wurde Broch während dieser hektischen Arbeit immer skeptischer gegenüber dem eigenen Werk: *Ich komme immer mehr darauf, daß das Buch ein Dreck ist. Aber sag es nicht weiter. Hoffentlich geht alles gut weiter.*[372] Auch seine Übersetzerin berichtet von ähnlichen Anwandlungen Brochs in ihren Erinnerungen: «Vielleicht ist dieser ganze *Vergil* nichts als ein großer Wortsalat.»[373] Die konzentrierte Arbeit überanstrengte Broch. Im Januar 1941 hatte er eine Herzattacke: *Die Untersuchung hat arge Insuffizienzen ergeben. Aber was soll man tun? in dieser Zeit? Ich möchte wenigstens noch meine Bücher fertig kriegen.*[374] Im April 1942 zeichnete ihn die American Academy for Arts and Letters mit einer Ehrengabe von 1000 Dollar für die Arbeit am *Vergil*-Roman aus.

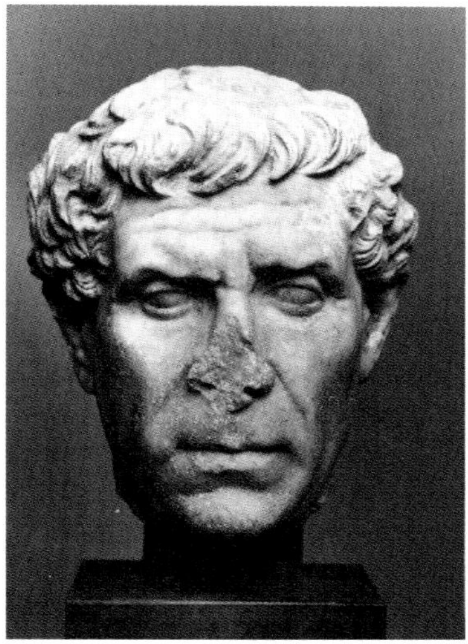

Vergil. Büste, um 20 v. Chr.

In der Zwischenzeit hatte Broch an seinen massenpsychologischen Forschungen zu arbeiten begonnen. Anfang 1942 lag bereits ein 300 Seiten umfassendes Manuskript vor, aber keinesfalls eine fertige Arbeit, sondern erst ein Teilstück zu einem dreibändig geplanten Werk. Das Guggenheim-Stipendium, das Broch im März 1940 für die Fertigstellung des *Vergil* erhalten hatte, war längst ausgelaufen. Broch sah sich erneut mit seiner finanziellen Mittellosigkeit konfrontiert. Zu dieser Zeit befand sich die New School for Social Research – sie wurde später nach New York verlegt – in Princeton, und Broch erwog, im Rahmen dieses Instituts einen alten Wunschtraum umzusetzen: sich ganz der wissenschaftlichen Arbeit zu widmen *auf der Basis einer festen und regulären akademischen Laufbahn*[375]. Die akademische Karriere blieb weiterhin ein Traum. Das Institut sah sich nicht in der Lage, Broch aus eigenen Mitteln Forschungsgelder zu gewähren. Broch versuchte daher, ein Forschungsstipendium der Rockefeller Foundation zu erhalten. Aber die Bewilligung war mit Schwierigkeiten verbunden, und Broch fühlte sich Mitte Januar 1942 der privaten Katastrophe nahe: *Es besteht kein Zweifel, irgendetwas muß im Februar geschehen, wenn eine Katastrophe vermieden werden soll.*[376] Anfang 1942 wurde ein Gutachten für Broch an die Rockefeller-Stiftung geschickt, das unter anderm von Einstein, Thomas Mann und Kahler unterschrieben war: «Broch ist eine überragende Persönlichkeit, als beides, Wissenschaftler und Schriftsteller. Das ist der Grund, weshalb ihm die John-Simon-Guggenheimer-Gedenkstiftung ein achtzehnmonatiges Stipendium gewährte. Dieses Stipendium läuft im Dezember aus. Herr Broch, Österreicher (Wiener) von Geburt, hat seine alte Staatsbürgerschaft unmittelbar nach seinem Eintreffen abgelegt und lebt in diesem Land seit über drei Jahren.»[377] Tatsächlich wurde Broch erst am 27. Januar 1944 amerikanischer Staatsbürger. Dennoch ließ die Hilfe weiter auf sich warten. Schließlich sprang die Guggenheim Foundation nochmals ein und übersandte ihm im Februar 1942 einen zusätzlichen Scheck. Hadley Cantril, als Sozialpsychologe an der Princeton University tätig, schickte als Mentor für Broch ein zusätzliches Gutachten an die Rockefeller-Stiftung. «Broch brachte mir vor zwei Tagen eine spezielle dreißigseitige Outline eines dreihundertseitigen Manuskriptes, das selbst nur eine Outline seiner Theorie ist. […] Ich glaube, daß Broch hier eine sehr gründliche und sehr durchdringende Theorie für die Sozialwissenschaften entwickelt hat, die sich an Wichtigkeit mit dem Beitrag jedes aktuellen Philosophen im Bereich der Sozialwissenschaften messen kann. Als ich Ihnen letztlich schrieb, hatte ich keinen Begriff davon, daß Brochs philosophische Interessen so viel der modernen Sozialpsychologie und der modernen Anomalitätspsychologie innerhalb eines breiten philosophischen Rahmens umfassen. Broch befindet sich nun zu einem Besuch bei Einstein, der ein guter Freund von ihm ist und, ich bin sicher, Ihnen nur allzu gern und unabhängig von mir über Brochs Theorie schreiben würde. Sein besonderer Freund im philosophischen Lager ist Dr. Paul

Schrecker, ehemaliger Sorbonne-Professor und nun an der New School tätig […].»[378] Ende April hatten all diese Bemühungen endlich Erfolg, und Broch wurde von der Princeton University benachrichtigt: «Die Rockefeller-Stiftung hat uns ein Stipendium über 2.000,– Dollar zur Verfügung gestellt, um das Gehalt von Herrn Hermann Broch für ein Jahr zu decken, mit dem voraussichtlichen Beginn des 1. Mai.»[379] Diese relativ geringe Summe stand in keinem Verhältnis zu dem Aufwand, den es gekostet hatte, sie zu erreichen. Allerdings hatten die Kriegszeiten eine besondere Situation geschaffen, und die Bezahlung der Professoren an den Universitäten war damals allgemein eher bescheiden. Broch war glücklich, das Geld überhaupt zu bekommen, auch wenn es gerade mal ausreichte, die elementaren Lebensbedürfnisse zu finanzieren.

In der Folgezeit widmete sich Broch intensiv seinen massenpsychologischen Forschungen, aber die Umrisse seiner Arbeit erweiterten sich zusehends, ohne dass ein Ende der Arbeit abzusehen gewesen wäre. Im Mai 1943 berichtete er: *Je tiefer ich in die Massenpsychologie (soweit man das überhaupt Psychologie nennen kann) hineinsteige, desto ausgedehnter und tückischer wird das Thema […].*[380] Hannah Arendt, die Broch erst relativ spät im Mai 1946 in der Wohnung einer gemeinsamen Bekannten kennen lernte, sich mit ihm anfreundete und später Brochs Werk am maßgeblichsten kommentierte, hat nur bedingt Recht, wenn sie unter dem Motto «Dichter wider Willen» über den Broch der Spätzeit schreibt: «Ihrer Tatenlosigkeit wegen hatte Broch sich von der Dichtung abgewandt, um ih-

Hannah Arendt, Brochs Lektorin in New York, 1972 (Foto: Fred Stein)

rer nur kontemplativen, nur denkerischen Haltung willen hatte er die Philosophie verworfen, um schließlich seine ganze Hoffnung auf die Politik zu setzen.»[381] Das ergab sich keineswegs mit dieser unterstellten Folgerichtigkeit. Brochs massenpsychologische und politiktheoretische Arbeiten entsprangen eher der Einsicht in die Notwendigkeit solcher Arbeiten für seine Gegenwart als eigenem Wunsch. Zudem ist nicht zu übersehen, dass auch der erhoffte handgreifliche Nutzen nicht unwichtig war, nämlich sich dadurch möglicherweise die Basis für eine akademische Karriere zu schaffen. Brochs Rockefeller-Stipendium wurde zwar um ein weiteres Jahr verlängert: *Meine Rockefellerei ist auf weitere 8 Monate, also bis Ende 1944 verlängert worden, was vor allem ein großer wissenschaftlicher Kowet ist, während das Finanzielle infolge der Steuern etc. eher knapp aussieht. Hoffentlich werden sie mir nicht allzuviel abziehen.*[382] Aber an einen Abschluss seiner Untersuchungen war auch jetzt nicht zu denken. Die Arbeit an der endgültigen Fassung des *Vergil* hatte sich in den Vordergrund gedrängt, und die massenpsychologischen Untersuchungen wurden nur aus Pflichtgefühl sich selbst und seiner politischen Verantwortung gegenüber fortgeführt. Als Brochs Rockefeller-Stipendium Ende 1944 auslief und nicht weiter verlängert wurde, bewarb er sich mit Unterstützung von Hannah Arendt um ein Stipendium der Bollingen Foundation, der ein Verlagsprogramm angegliedert war, in dem vor allem psychologische Fachliteratur veröffentlicht wurde. Broch erhielt Anfang 1945 ein Stipendium sozusagen als Vorschuss auf die in drei Bänden geplante Veröffentlichung der Massenpsychologie. Die Zielsetzung seiner massenpsychologischen Forschungen hat Broch in einem Brief an die Bollingen Foundation so skizziert: *Ich habe mein Werk in drei Teilen aufgebaut. […] Der erste Teil handelt von den psychologischen Voraussetzungen aller Massenphänomene und von ihren wahrnehmbaren Aspekten ebenso wie von ihrem Kern, der ein animalisches Erbgut der menschlichen Psyche darstellt und mit dem wir ständig rechnen müssen, besonders wenn Erziehung und Selbsterziehung des Menschen auf dem Spiel stehen. […] Der zweite Teil handelt von dem Schema, nach dem der Mensch strebt und gezwungen ist zu streben, der spezifischen Struktur seiner Seele, ‹normalen› und ‹anomalen› (psychopathologischen) Impulsen, nach denen die*

Massen unaufhörlich reagiert haben in der uns überschaubaren Zeit. […] Der dritte Teil handelt von der Möglichkeit, dort Zyklen einzuführen, um psychopathologische Phasen zu vermeiden, besonders in Bezug auf magisches Denken, und führt zu einer neuen psychologischen Theorie der Politik und ihrer gesetzgeberischen Basis; diese ziemlich umfangreichen Fragestellungen können im Bereich der Demokratie ebenso ausgeführt werden wie bei einer Neuordnung der Welt.[383] Freilich ist es Broch nie gelungen, seine Arbeiten in diesem Bereich abzuschließen und für eine Publikation zu überarbeiten. Als Waldemar Gurian, Mitherausgeber der «Review of Politics», ihn 1946 um das Manuskript seiner Massenpsychologie zur Lektüre bat, erwiderte ihm Broch: *Ich freue mich, daß Sie gern meine massenpsychologischen Manuskripte lesen würden, aber, da sie eher nach dem Gewicht als nach Seitenzahlen bemessen werden können, glaube ich, daß Sie einen ziemlichen Schreck bekommen würden, zehn oder zwanzig Pfund Papier zu erhalten. Diese zwanzig Pfund Papier befinden sich zudem in einem Zustand, daß ich selber die endgültige Anordnung nicht erkenne. Es ist einfach schrecklich, und ich allein weiß, daß drei große Bände nötig sein werden, das Material aufzunehmen, und Jahre, um es abzuschließen.*[384] Dieser Abschluss seiner Arbeiten blieb Broch versagt.

Parallel zu der Pflichtarbeit an der Massenpsychologie lief die Überarbeitung des *Vergil*-Romans weiter, sodass sich für Broch eine Arbeitssituation ergab, die er so beschrieb: *Ich sitze täglich an die achtzehn Stunden an der Maschine, und das will bei der hiesigen mörderischen Temperatur schon etwas heißen […].*[385] 1944 lernte Broch Bertrand Russell in Princeton kennen, wo dieser als Gastprofessor für ein Jahr lehrte: *Ich war im Vorjahr, das er in Princeton verbrachte, viel mit ihm beisammen und weiß – bei aller Bewunderung für ihn – wie es um ihn steht.*[386] An anderer Stelle äußert er: *Man ist über den Antihistorismus eines Russell einfach entsetzt: glauben Sie mir, der Positivismus, zu dem die Russellsche Einstellung letztlich gehört, ist ein integrierender Teil eines Weltzustandes, der einen Hitler hervorgebracht hat.*[387] Broch, dem es zu dieser Zeit finanziell ja keineswegs gut ging, war dennoch am Ende des Krieges einer der Ersten, der seine *letzten Geldreserven heranzieht*[388], um das Elend in Deutschland und Österreich durch Paketsendungen zu lindern. Keineswegs hatte er jedoch die Erfahrungen vergessen, die er kurz vor seiner Flucht vor allem in Österreich machte: *Ich möchte diese Leute einfach nicht mehr sehen; der Ekel, von dem ich während meiner letzten Monate in Österreich durchschüttelt gewesen bin, war eigentlich mein ärgstes Hitler-Erlebnis […].*[389] Doch er distanzierte sich zugleich von dieser Haltung: *Und doch frage ich mich oft, was ich gemacht hätte, wenn ich nicht die Gnade gehabt hätte, Jude zu sein; es ist nämlich als Jude infolge Verfolgtheit um so viel leichter, Charakter zu haben und diese Überlegung macht mich […] gegen das deutsche Volk und seine Charakterlosigkeit tolerant, allerdings nur auf die Entfernung […].*[390] Brochs Hilfe war von beeindruckender Selbstlosigkeit. Aber dieser neue Kontakt zu Deutschland hatte für ihn auch belastende Folgen. Denn eine kaum vorstellbare Korrespondenzflut begann sich über Broch zu ergießen, und gewissenhaft und selbstlos, wie er war, hat er jeden dieser Briefe beantwortet, auch wenn sie ihm manchmal als unwichtig erschienen. Alles Zureden seiner Freunde, diese Korrespondenzlawine durch die Nichtbeantwortung von Briefen zum Stillstand zu bringen, half nichts, obwohl sich Broch selbst eingestand: *Es ist absurd, sich Verworfenheit vermittels Korrespondenz zuzuziehen; dabei müssen Sie wissen, daß unter […] 250 Briefen, d. h. ich habe – in Papier umgerechnet – ein ganzes Buch Korrespondenz geschrieben, allerhöchstens 25 sich befanden, die mir wirklich wichtig waren. Alles andere ist Muß-Korrespondenz.*[391] Diese Klage über die erdrückende Korrespondenz wurde zu einem Leitmotiv seiner letzten Jahre, die immer gehetzter wurden: *Denn das Furchtbarste an diesem Alter ist der Zeitmangel. Die Panik des Nichtfertig-Werdens sitzt in mir. […] Ich habe meine Schlafnacht auf 5 Stunden reduziert, und das ist wiederum für Lebensverlängerung nicht zuträglich.*[392] Es gelang ihm immerhin, 1943/44 den *Vergil*-Roman in seiner endgültigen Fassung abzuschließen. Im Sommer 1944 arbeitete er mit Erich von Kahler (wie dieser mir berichtet hat), Tag für Tag in der zum Garten gelegenen Veranda sitzend, die Schlussfassung nochmals durch, und eine große Zahl handschriftlicher Korrekturen wurde dem Text eingefügt. Zur gleichen Zeit ging die oft beschwerliche Übertragungsarbeit seiner Übersetzerin voran. Kahler war an den Korrekturen maßgeblich beteiligt. Als Broch ihm nach der Vollendung der Ar-

Erich von Kahler, 1950

beit eines der Manuskripte schenkte, schrieb er ein Widmungsgedicht für ihn hinein, in dem er auf gewisse Streitpunkte der Korrekturarbeiten anspielt. Broch hat die Mitarbeit Kahlers auch selbst bezeugt: *Nichtsdestoweniger geht die Arbeit schrecklich langsam voran. Kahler ist rührend; seit zehn Tagen arbeitet er allein am «Vergil»!* [393] Kurt Wolff, der zusammen mit seiner Frau in New York einen neuen Verlag, den Pantheon Verlag, aufgebaut hatte, drängte auf die Fertigstellung des Manuskriptes: *Ich mußte, sozusagen wieder aus moralischen Gründen, endlich publizieren, u. z. verhältnismäßig rasch […].* [394] Der Roman sollte gleichzeitig deutsch und englisch im Pantheon Verlag herauskommen. Broch drängte seinerseits auf den Abschluss der Übersetzung. Aber da er immerzu änderte, schob sich der Abschluss der Übersetzungsarbeiten hinaus. Im Dezember 1944 begann der Druck des englischen Manuskripts, während das deutsche Manuskript erst im Februar 1945 in Druck ging. In der Zwischenzeit hatte Broch im deutschen Manuskript noch zusätzliche Änderungen eingefügt, die so nicht mehr in der englischen Fassung nachgetragen werden konnten. Beide Ausgaben unterscheiden sich also – bei den *Schlafwandlern* ist das ähnlich – in Einzelheiten, ohne dass dafür die Übersetzer verantwortlich zu machen wären. Broch hat später häufig betont, der *Vergil* sei eigentlich unvollkommen und zu früh veröffentlicht worden: *Dieser Generalumbau hätte zumindest 200 weitere Seiten gefordert. Freilich hätte damit die ganze Opfertheorie eine viel tiefere Begründung erfahren, und ebenso wäre damit die Läuterung des Vergil […] wirklich begründet gewesen. Das alles aber wiederum um den Preis – das ist ja die Eigengesetzlichkeit des Kunstwerkes – der völligen Zerschlagung der Romanform, und dieser Preis hätte eingeschlossen: drei weitere Jahre*

Arbeit und gänzliche Unverständlichkeit des Produktes.[395] Andererseits war ihm die artistische Seite des *Vergil* nicht ausschlaggebend, da es ihm primär um die Gestaltung seiner eigenen Todeserfahrung ging und er schon *die Niederschrift als unmoralische Blasphemie empfunden hat*[396]. Die Fragwürdigkeit der Kunst war als seine individuelle Erfahrung im *Vergil* selbst zum Thema geworden, aber die historischen Voraussetzungen dieser Erfahrung betrafen auch seine Zeit: *Das Spielerische des Kunstwerkes ist in einer Zeit der Gaskammern unstatthaft […].*[397] Diese Erfahrung des Legitimationsverlusts der Literatur verband Broch zugleich mit Kafka, und es ist nicht unwichtig, dass hinter dem Roman eher die Gestalt von Kafka als von Joyce sichtbar wird. *Ich habe eine Abneigung gegen alles, was Literatur heißt, mehr noch ich wünsche, nicht zu ihr gezählt zu werden, denn es ist das Gebiet der Eitelkeit und der Lüge schlechthin. Wenn ich schreibe, so sind es immer eigentlich nur für mich allein bestimmte Aufzeichnungen, und am liebsten würde ich überhaupt nichts publizieren. Ich verstehe Kafka nur allzugut, daß er testamentarisch die Verbrennung seines Nachlasses angeordnet hat.*[398] Zwar hat Broch einmal den *Vergil* als das *einzige nachjoycesche Buch*[399] bezeichnet, aber auf der anderen Seite häufig hervorgehoben: *Der «Vergil» wurde in einem geradezu bewußten Gegensatz zu [Joyces] Methode geschrieben.*[400]

Über das stoffliche Gerüst seines Romans berichtet er in einem Selbstkommentar: *Meine Erzählung (etwa 150 000 Worte) umfaßt die letzte Nacht nach der Landung und den nächsten*

Franz Kafka, das letzte Bild, 1923/24

Tag bis zum Tode Vergils. Es ist nochmals die Tag- und Nachtansicht dieses Lebens: die Sterbenseinsamkeit der Nacht bringt mit ihren Traum- und Fieberphantasien bruchstückweise den ganzen Ablauf dieses Lebens, vor allem die in ihm urtümlich eingebauten metaphysischen und religiösen Strebungen und wie sehr diese mit den unbewußtesten, ja, vegetativsten Wurzeln des Menschen verbunden sind; der Tag hingegen ist die letzte Auseinandersetzung mit der Umwelt, dieser eigentümlich römischen Umwelt, in deren Mittelpunkt Vergil geistig und sozial gestanden hat, u. z. geht es hiebei […] um die Vernichtung oder Erhaltung der «Äneis», bis eben der Augustus den Dichter von seinem herostratischen Vorhaben abbringt und damit das Epos rettet. Damit ist auch das Leben des Vergil abgeschlossen: in einer letzten Phantasie, welche die Tag- und Nachtansicht, die irrationalen und rationalen Momente vereinigt, schlummert er, nicht mehr der Dichter, sondern nur noch sterbender Mensch in die Ewigkeit hinüber.[401] Die *letzte Auseinandersetzung mit der Umwelt*, das heißt, das Gespräch mit den Freunden und mit dem Augustus darüber, ob er die «Äneis» verbrennen soll oder nicht, steht nicht nur thematisch für Broch im Mittelpunkt, sondern auch formal. Denn er hat in seinen Briefen häufig betont: *Ich versuchte eine Modernisierung des platonischen Dialogs.*[402]

Obwohl Kurt Wolff von der künstlerischen Qualität des *Vergil*-Romans überzeugt war, mussten jedoch erst die für das amerikanische Verlagswesen unerlässlichen Gutachten eingeholt werden, zumal die Druckkosten mit einem Darlehen

Kurt Wolff, einer der bedeutendsten Verleger der deutschen Literatur des 20. Jahrhunderts

der New Yorker Independent Aid Stiftung von 4000 Dollar gedeckt werden mussten. Aldous Huxley schrieb eines: «Es liegt an der doppelten Fähigkeit des Autors, seinem Vermögen, gleichzeitig zwei unvereinbare Welten zu zeichnen, weswegen ich der Veröffentlichung seines *Vergil* so gespannt entgegenblicke.»[403] Um ein anderes Gutachten bat Broch Thornton Wilder, zu dem er schon seit Jahren in freundlichem Kontakt stand: *Kurt Wolff meint, daß ein solches Romanexperiment einen Befürworter benötigt […].*[404] Bei der Gelegenheit wurde die Beziehung zu Wilder, der literarisch auf dem Höhepunkt seines Ruhms stand, wieder intensiviert. 1949 berichtete Broch: *Wilder werde ich sagen, daß Du sein Buch enjoyt hast. Die Freundschaft ist wiederaufgenommen.*[405] Der gleichfalls als Emigrant in New York lebende Philosoph Ernst Bloch, zu dem Broch in lockerem Kontakt stand, tröstete Broch bei dieser Gutachten-Jagd: «Man kann von Glück sagen, daß die Amerikaner für den *Tod des Vergil* nicht erst ein Gutachten Vergils als Fachmann verlangt haben.»[406] Broch hatte 1943 mehr als einmal geäußert: *Ich wünsche mir, daß der «Vergil» Erfolg habe […].*[407] Dieser Wunsch erfüllte sich nur zum Teil. Gewiss, sowohl der englischen als auch der deutschen Ausgabe war ein beachtliches Echo beschieden, aber es blieb auf Literaturkreise beschränkt und erreichte nicht eine breite Leserschaft. Eine relativ große Zahl von Besprechungen erschien. 1946 äußerte Broch über diesen Erfolg nicht ohne Selbstironie: *Es stehen nämlich Übersetzungen ins Französische, Spanische, Schwedische, Tschechische und wahrscheinlich auch ins Italienische in Aussicht, und fast frage ich mich, ob das Buch nicht doch von Stefan Zweig geschrieben worden ist; anders ist dieser Erfolg kaum verständlich.*[408] Thomas Mann schrieb 1946 in der «Fähre» über den Roman: «Für mich besteht kein Zweifel, daß *Der Tod des Vergil* zu den höchsten Leistungen deutschen Schrifttums gehört, vor allem aber, daß er eines der

Thornton Wilder (17. 4. 1897 Madison, Wisconsin – 7. 12. 1975 Hamden, Connecticut), erfolgreicher Dramatiker und Erzähler, akademische Ausbildung am Oberlin College und an der Yale University, 1928–1930 Studienreise in Europa, von 1931–36 als Professor in Chicago tätig. Danach freier Schriftsteller, große Erfolge als Prosaautor («The Bridge of San Luis Rey», 1927) und als Dramatiker («Our Town», 1938, «The Skin of Our Teeth», 1942).

wesentlichsten, neuartigsten Werke unserer Zeit ist, eine kühn konzipierte, originelle und erstaunliche Schöpfung.»[409]

Broch hatte gehofft, durch den *Vergil* Geld für seine wissenschaftlichen Arbeiten zu verdienen. Diese Hoffnung hat sich kaum erfüllt: *Die hiesige ‹Vergil›-Ausgabe ist ein starker literarischer Erfolg*[410], konnte er zwar berichten, aber ein finanzieller Erfolg war es keineswegs. Auch seine Popularisierungsbemühungen, von denen bereits einleitend berichtet wurde und die an den Realitäten des damaligen Buchmarkts vorbeizielten, gingen ins Leere. Der rettende Einschnitt, den das Erscheinen des *Vergil* im Leben Brochs hätte bedeuten können, blieb so aus, und an der Gehetztheit seines Lebens änderte sich wenig.

Übersiedlung nach New Haven

Broch, der insgesamt sechs Jahre lang bis Juni 1948 in Princeton verbracht hatte, übernahm gezwungenermaßen literarische Auftragsarbeiten, um seinen Lebensunterhalt bestreiten zu können. Er schrieb eine Einleitung, *The Style of the Mythical Age*, eine Theorie des Altersstils, für eine Ausgabe der «Ilias», die innerhalb der Bollingen Series im Verlag Pantheon Books erschien, und er übernahm die Einleitung zu einer Auswahl-Ausgabe der Prosaschriften Hugo von Hofmannsthals. Er versuchte die Universität in Princeton zur Gründung einer internationalen Universität zu bewegen und arbeitete ein Gutachten darüber aus. Aber der Dekan der Graduate School von Princeton konnte ihm nur das Scheitern dieser Bestrebungen mitteilen: *Zu meinem tiefsten Mißfallen legten sie ein Veto ein gegen den Plan einer solchen Universitätsgründung mit der Begründung, daß es zu teuer sein würde.*[411] Broch versuchte, die Bollingen Foundation für die Errichtung einer internationalen Manuskript-Bibliothek zu interessieren: *Ich stelle mir vor, daß eine Manuskriptbibliothek errichtet werden könnte, etwa unter dem Namen ‹Literary Documents of Our Times› und daß sie als Heimstätte für Werke dieser Art fungieren könnte.*[412] Auch dieser Vorschlag wurde nicht umgesetzt.

Für die Unesco arbeitete Broch eine Untersuchung über *Philosophische Grundlagen internationaler Erziehung* aus, die dann ohne jegliche Nachwirkung in den Unesco-Archiven verschwand. Die Stipendien bzw. Honorarvorauszahlungen, die Broch von Anfang 1945 von der Bollingen Foundation für die Fertigstellung seiner Arbeiten zur Massenpsychologie erhalten hatte, liefen Mitte 1947 aus, und die finanzielle Misere spitzte sich bei Broch wieder einmal zu: *Die Katastrophe liegt bei all dem natürlich im Zeitverlust. Ich bin im Augenblick ganz auf die Einkünfte aus meinen schriftstellerischen Arbeiten (vor allem aus der Hofmannsthal-Ausgabe) angewiesen. […] Meine Finanzlage ist im Augenblick verzweifelt.*[413] Die Panik des Nicht-fertig-Werdens quälte ihn, hinzu kam die permanente Korrespondenzüberlastung und die Notwendigkeit, nur Sachen zu schreiben, die etwas Geld brachten. In dieser nervlich überaus angespannten Situation hatte Broch 1948 einen schmerzhaften Unfall: Er brach sich den Oberschenkel. *Am 15. Juni mußte ich einer Unokonferenz beiwohnen und wurde aufgefordert, am nächsten Tag zu sprechen; nach vielerlei Zögern nahm ich an, bereitete mich auf meinen Vortrag vor und brachte ihn noch abends zu meiner Übersetzerin, damit sie mein Englisch korrigiere. Dort vergaß ich das Manuskript, und am nächsten Morgen reiste ich vor der Konferenz hin (unausgeschlafen), um es abzuholen. Müde, wie ich war, stolperte ich dabei, fiel hin und hatte einen Schenkelhalsbruch knapp unterhalb des Gelenkes. Der hiesige Chirurg wollte nicht nageln, und ich glaube, er hatte recht damit. […] Drei Wochen Streckverband, darauf 13 Wochen Gips.*[414] Schon 1947 hatte Broch sich den linken Arm gebrochen und musste vier Wochen im Princeton Hospital verbringen, aber diesmal war es weit schlimmer. Zur ersten Kalamität kam noch ein Leistenbruch: *Ich wurde am 27. Februar operiert, und der Eingriff war weitaus schwerer, als man angenommen hatte; eine volle Stunde wurde an mir herumgeschnitten, und demgemäß war ich den ganzen März hindurch von ziemlich heftigen Schmerzen geplagt.*[415] Erst im April 1949 konnte Broch aus dem Princeton Hospital entlassen werden. So paradox es scheint, aber Broch hat diese *Flucht in die Krankheit*[416] beinahe als Glücksfall empfunden: *Ich habe zum ersten Mal seit Mösern eine wahrhaft ruhige Arbeitszeit […].*[417] Der Unfall brachte auch vorübergehend eine Lösung seiner finanziellen Misere. Jean Starr Untermeyer, in deren Haus der Unfall passierte, war versichert, und so wurde der gesamte Krankenhausaufenthalt Brochs von ihrer Versicherung

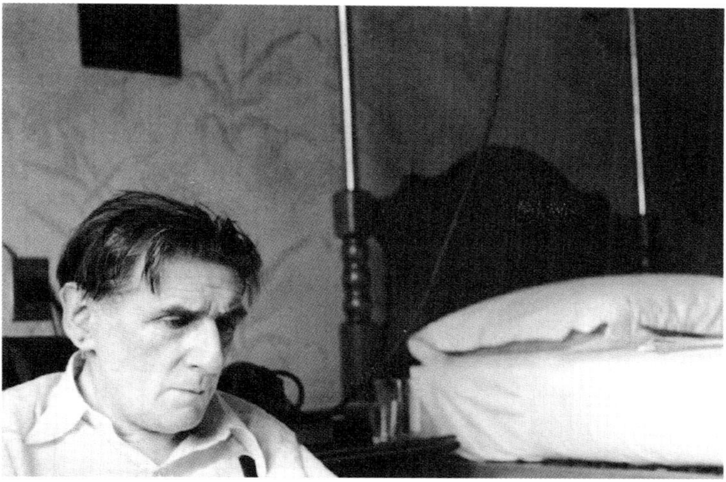

Im Princeton Hospital, 1949 (Foto: Annemarie M. Broch)

übernommen, allerdings erst, als Broch mit einem Prozess drohte. Im Spital konnte Broch sich in Ruhe seinen Arbeiten widmen: *Wenn ich nicht die vielen Kondolenzbriefe samt zugehöriger Dankespflicht sowie die allzuvielen Kondolenzbesuche hätte, die ich nicht hinausschmeißen kann, es wäre trotz der augenblicklichen Höllenhitze der Himmel […].*[418] Die Arbeit, die während der Spitalsmonate im Vordergrund stand, war seine Untersuchung über *Hofmannsthal und seine Zeit.* Broch war alles andere als ein überschwänglicher Bewunderer von Hofmannsthal und zitierte nicht ohne boshafte Zustimmung Karl Kraus' Worte über Hofmannsthal: *Es gelang ihm, künstliche Blumen zu erzeugen, die natürlich welken.*[419] Als er Ende 1947 den Auftrag für die Bollingen Series übernahm, schrieb er an Kahler: *Bei mir beginnt der Hofmannsthal irgendwie Form anzunehmen. So wie sich zwischen Dienstmädchen und der Gnädigen langsam eine Art homosexuelles Verhältnis entwickelt, genau so geht es mir mit H.: mit leichter Perversität überwinde ich meinen Ekel.*[420]

Diese Studie, zu der Broch sich anfänglich zwingen musste, wurde zugleich zum Abschied von seiner Jugend und zu einer

Geistesgeschichte der Jahrhundertwende und hat auch in der Hofmannsthal-Forschung inzwischen Furore gemacht. Ende 1948 glaubte Broch berichten zu können: *Mit dem Hofmannsthal bin ich, wie gesagt, so ziemlich fertig. Es wurde zu einer kleinen Geistesgeschichte der Jahre 1866–1930, und ist mir – nach sehr viel Widerstreben – eben dadurch dann schließlich doch wichtig geworden, da ich darin Probleme der künstlerischen Existenzmöglichkeit, u. a. die des Romans behandeln konnte.*[421] Aber die Arbeit zog sich hin, war für die Belange einer Edition von Hofmannsthals Prosaschriften schließlich nicht brauchbar und musste 1950 nochmals neu angesetzt werden.[422]

Als Broch im April 1949 das Princeton Hospital verließ, war er sich bewusst: *Für den Rest meines Lebens bin ich ein hinkender Krüppel.*[423] Da es ihm zu schwer wurde, Treppen zu steigen, schien es nicht möglich zu sein, weiter im Hause der Kahlers in Princeton wohnen zu bleiben. Nach einem Zwischenaufenthalt in New York erreichte ihn eine Einladung Weigands, der sich an der Yale University in New Haven für ihn eingesetzt hatte. Broch sollte als «Poet in Residence» – von ihm selbst euphemistisch «Resident Professor» umschrieben – ins Saybrook College nach Yale ziehen. Broch nahm die Einladung an. Das akademische Jahr war zu diesem Zeitpunkt fast zu Ende, und die Colleges stehen in der Regel dann leer. Anfang Mai 1949 berichtete Broch über seinen Aufenthalt: *Mein Einsamkeitsbedürfnis findet hier eine Befriedigung, wie sie ihm schon seit langem nicht zuteil geworden ist. Außerdem habe ich zwei nette Zimmer, Bad und Küche, welche die Freude jeder Hausfrau wäre […]. Wenn die Sache zwei Jahre statt zwei Monate dauern würde, wäre alles in schönster Ordnung.*[424] Sie dauerte jedoch nur drei Monate. Danach war Broch erneut auf Wohnungssuche, zog vorübergehend in das Hotel Duncan in New Haven und mietete danach ein Zimmer in einem bescheidenen Haus am Lake Place in New Haven, direkt hinter der Universität.

Wenn Broch zu dieser Zeit immer wieder sein Einsamkeitsbedürfnis betont, so war das häufig nur die Reaktion auf zu viel Geselligkeit. Broch war keineswegs ein schweigsamer und zurückgezogener Mensch, sondern sehr gewandt und unterhaltend, wenn er sich im Kreise ihm vertrauter Menschen befand.

Annemarie Meier-Graefe, Brochs zweite Frau (Foto: Hannah Arendt)

Er war namentlich das, was man im Amerikanischen «a ladies' man» nennt, ein Charmeur, der auf Frauen Eindruck machte. Ein befreundeter Arzt lud ihn 1948 ein, zu seiner Familie nach Watertown in die Nähe Bostons zu ziehen, und fügte ironisch hinzu: «Ich fürchte nur, daß Watertown etwas weit von New York entfernt ist, und wie könntest Du dann Deine verschiedenen ‹Flammen› treffen – es sei denn, daß Du hier herum welche findest, was in dieser Puritaner-Stadt nicht leicht sein dürfte.»[425] Broch gestand in seiner Antwort, *daß mich das Empirische (in Gestalt von Verpflichtungen aller Art, nicht nur von Frauenverpflichtungen) unausgesetzt verfolgt und in die Flucht gejagt hat*[426]. An anderer Stelle berichtet er über die Gründe seiner *Frauen-Flucht*: *Frauen hat es genug gegeben, nur daß jede von ihnen mich dazu benützen wollte, ihrem eigenen kleinen Leben einen Inhalt zu geben. […] All das hat mich so tief empört, daß ich von jeder Frau davon gelaufen bin.*[427] Dass Broch im Dezember 1949 dann doch nochmals geheiratet hat, und zwar Annemarie Meier-Graefe, die Witwe des

Kunstkritikers, die er schon seit längerem kannte, geschah nicht, weil er den Eindruck hatte, endlich die Richtige gefunden zu haben. Zur nicht vorhandenen erotischen Anziehungskraft von Brochs zweiter Frau äußert ein Broch-Forscher: «Am allerwenigsten hatte Annemarie Meier-Graefe, die er 1949 in zweiter Ehe heiratete, das Zeug zu einer solchen [erotischen] Heldin.»[428] Wie mir Weigand berichtet hat, war die Ehe eine Hilfsaktion; weil die Aufenthaltserlaubnis für Annemarie Meier-Graefe terminiert war, heiratete Broch sie und verschaffte ihr die amerikanische Staatsbürgerschaft. Brochs Sohn, der auch in New York lebte, hat seinem Vater die Ehe nahe gelegt, da Frau Meier-Graefe in Frankreich ein Haus erbte und eine gemeinsame Übersiedlung nach Frankreich möglich schien. Aber Broch reagierte ablehnend. Als die Heirat, die Broch nicht einmal engen Freunden mitgeteilt hatte, dennoch zustande kam, reiste die Frischangetraute kurz danach nach Frankreich, und an Brochs miserabler Situation änderte sich nichts. Schon Ende 1948 hatte sich Brochs finanzielle Situation wieder katastrophal zugespitzt: *Ich habe ein kleines Stipendium, mit dem ich noch vor drei Jahren vorm Verhungern geschützt war, das mir aber heute in Amerika die Wahl läßt, entweder zu wohnen oder zu essen, beides zusammen aber nicht gestattet.*[429] Die mehr als bescheidene Summe wurde ihm von dem New Yorker Verlag Alfred A. Knopf – Brochs Freund Robert Pick war Lektor dort – als Vorschuss für eine geplante Veröffentlichung seiner Schriften vorgestreckt: *Knopf […] will durchaus einen Roman haben. Ich habe ihm den Bergroman gegeben, und er ist recht begeistert. Ich natürlich weniger. Denn erstens kann ich mir nicht vorstellen, wie ich zu einem Roman zurückkehren und ein Jahr Umarbeitung daran verschwenden soll – mich langweilen Romane entsetzlich –, und zweitens viel mehr als $1500.– Anzahlung kann ich da nicht bekommen, und damit ist das Umarbeitungsjahr nicht gedeckt. […] Knopf will mir die Sache schmackhaft machen, indem er mir für nachher eine Broch-*

Annemarie Meier-Graefe, geb. Epstein (1905–1994, Saint-Cyr-sur-Mer, Frankreich), Graphikerin und Malerin, heiratete den Kunsthistoriker Julius Meier-Graefe, emigrierte 1941 von Frankreich in die USA. Broch, der inzwischen Amerikaner war, heiratete sie 1949, um ihr unbegrenztes Bleiberecht in den USA zu sichern.

Hermann Broch de Rothermann in der Uniform der U. S. Army

Gesamtausgabe verspricht. [...] Aber er möchte, daß ich zuerst mit dem Roman beginne und die Erkenntnistheorie aufs Eis lege.[430] Eine etwaige Veröffentlichung von Brochs theoretischen Arbeiten wurde also von einer vorherigen Fertigstellung des Bergromans abhängig gemacht. Broch sah dadurch sein ohnehin schon sehr umfangreiches Arbeitsprogramm – auch die Hofmannsthal-Studie war zu dieser Zeit noch nicht abgeschlossen – noch weiter ausgedehnt: *Ich wandle ja tatsächlich am Rande des Zusammenbruch-Abgrunds.*[431] Sein Arbeitsprogramm nahm nicht zu bewältigende Ausmaße an: *Ich habe acht Bücher fertigzustellen [...] und unter den acht sind nicht einmal die mir wichtigsten philosophischen (mit Ausnahme der erkenntnis-theoretischen Studie), sodaß ich also alle Aussichten habe, überhaupt nicht zu meiner eigentlichen Arbeit zu gelangen.*[432] An irgendeine Erfolgsaussicht seiner Arbeiten dachte er schon lange nicht mehr. *Ich habe nicht mehr die Zeit, um mir den Luxus des Geldverdienens zu erlauben.*[433] Hinzu kam die überbordende Korrespondenz: *Ich gehe an meiner Korrespondenz zugrunde, wobei die lähmende ‹Zwangskorrespondenz› mit Europa am fürchterlichsten ist.*[434] Ein großer Teil dieser *Zwangskorrespondenz* betraf zudem familiäre Angelegenheiten, so vor allem Erbschaftsauseinandersetzungen in Österreich.

Mit erheblichen Erwartungen war Broch nach New Haven gekommen: *Yale ist als Universität lebendiger als Princeton […].*[435] Offensichtlich war ihm sehr daran gelegen, in Verbindung zu einer der namhaftesten Universitäten der Vereinigten Staaten zu stehen, der «ersten neben Harvard» (Thomas Mann). Im Mai 1949 äußerte er, leicht übertreibend: *Augenblicklich habe ich eine Gastprofessur hier in Yale, und ich kann nur hoffen, daß sich etwas Permanentes daraus entwickelt.*[436] Seine Hoffnung, eine Dauerstelle als «Poet in Residence» zu erhalten, erfüllte sich nicht. 1950 berichtete Broch in seinen Briefen nochmals, er sei *Fakultätsmitglied in Yale*[437] geworden, und er bezeichnete sich wiederum als Honorarprofessor. Tatsächlich hatte man ihn auf Initiative Weigands im German Department zum «Honorary Lecturer» mit Wirkung vom 1. Juli 1950 ernannt – Lecturer ist die niedrigste Einstufung für einen jungen Wissenschaftler, der die mündliche Doktorprüfung schon abgelegt, aber seine Dissertation noch nicht eingereicht hat –, zudem ohne Gehalt und diesmal auch ohne Wohnung. Tatsächlich hatte Broch auf den Ehrendoktor gehofft, der eine wirkliche Auszeichnung gewesen wäre. In dieser Eigenschaft als «Honorary Lecturer» hat Broch im Winter 1950/51 einen Vortrag im German Club der Yale University gehalten: *Einige Bemerkungen zum Problem des Kitsches.* Ironischerweise vertiefte sich der Kontakt erst nach Brochs Tod, als seine Manuskripte und sein Nachlass in Form eines Broch-Archivs der German Collection der Sterling Library eingefügt, aber bis Anfang der sechziger Jahre kaum beachtet, noch nicht einmal bibliographisch erfasst wurden. Heute ruhen sie in dem pompösen marmornen Palais der Beinecke Rare Book Library in der Nachbarschaft des Kurt-Wolff-Archivs und der Barocksammlung Faber du Faurs. Broch hatte nicht nur in Weigand einen sehr guten Freund gefunden, sondern auch in Curt von Faber du Faur, der ihn häufig in sein Haus einlud und in vieler Beziehung zu unterstützen versuchte. Der Glücksfall, der für Broch in Princeton sein Leben im Kreise der Kahlers bedeutet hatte, wiederholte sich ein wenig. Broch befand sich durchaus in einer menschlichen Atmosphäre, die ihm wohl tat, wären nicht die materiellen Umstände so miserabel gewesen. Sein Leben ging auch hier ganz in seiner Arbeit auf, das heißt, nach außen hin verlief es recht eintönig: *Solange ich an der Schreibmaschine zu sitzen vermag, kann mir nix geschehn. Freilich die Panik des Nicht-mehr-fertig-Werdens verläßt einen auch nicht vor der Schreibmaschine; sie gehört sozusagen zu dieser.*[438] Sein Arbeitstag verlängerte sich immer mehr: *Zwar trachte ich meine 17stündige Arbeitszeit (nicht per Woche, nein per Tag) aufrechtzuerhalten, aber oft und leider immer öfter halte ich es nicht mehr durch […].*[439] Freilich hatte und hat New Haven als Stadt auch wenig zu bieten. Wenn Broch Abwechslung suchte und nicht gerade von Freunden eingeladen war, ging er – und das war sehr häufig – ins Kino. Ansonsten widmete er sich seiner Pfeifensammlung, die bei seinem Tod 40 Exemplare umfasste. Mit Vorliebe hörte er Musik; wie Jean Starr Untermeyer berichtet, bevorzugte er Konzertübertragungen im Rundfunk. Aber er nahm auch Unterhaltungsmusik in Kauf als

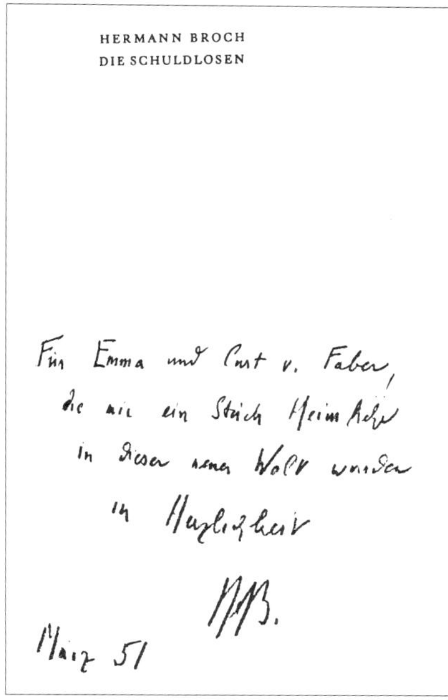

Widmung in den «Schuldlosen» für seine Förderer Emma und Curt von Faber du Faur

Hermann Broch, um 1948 (Foto: Alice von Kahler)

halblauten Geräuschhintergrund bei seiner Arbeit. Weigand berichtete in seinem Nekrolog: «Jedesmal, wenn ich in Dein Zimmer trat, waren die Laute von Radio, Musik und Stimmen, meistens zart und entfernt, Bestandteil der Aura Deines Lebens.»[440]

Ganz in seiner Arbeit aufgehend, stand Broch seinem Leben mit der Haltung gegenüber: *Ich bin dem Leben, dem Sein, dem Schicksal und, wenn man will, Gott grenzenlos dankbar für jeden mir geschenkten Tag, an dem ich noch meinen Stein noch ein Stückchen schleppen darf. Und für jeden, an dem es mir vergönnt ist, noch ein Stückchen Realität zu sehen. Natürlich ist das alles auch noch außerdem von der entsetzlichen Angst, der wahrhaft metaphysischen Angst des Nicht-fertig-Werdens begleitet [...] der furchtbarste Fluch, der auf uns lastet.*[441] Vor diesem Hintergrund wird es verständlich, dass Broch oft äußerte: *Die Dichterfürstlichkeit der G. Hauptmann-Generation ist uns lächerlich geworden; wir sind die Bedürfnislosigkeit an sich.*[442]

Letzte Arbeiten: «Die Schuldlosen» und der Bergroman

Die Gestaltung des *Verbrechens der Gleichgültigkeit*[443] als Wurzel der nationalsozialistischen Verblendung in Deutschland trat in den Mittelpunkt von Brochs letzter abgeschlossener dichterischer Arbeit, des *Romans in elf Erzählungen* mit dem Titel *Die Schuldlosen*: *Die Haupthandlung der «Schuldlosen» spielt um das Jahr 1923 und zeigt jene Grundstimmung, die das Hochkommen Hitlers ermöglicht hat.*[444] Burgmüller hatte den Verleger Willi Weismann auf Brochs zu Anfang der dreißiger Jahre und früher veröffentlichte Erzählungen aufmerksam gemacht, sie gesammelt und Broch mit dem Wunsch bekannt gemacht, sie in einem Band zu veröffentlichen. Broch war generell damit einverstanden: *Die Druckfahnen trafen sodann im Mai hier ein, und als ich sie anschaute, bin ich vor Scham in den Boden gesunken. Ich hatte ja keinerlei Erinnerung mehr an den elenden Mist gehabt [...].*[445] Dieses harsche Urteil hatte Broch sich in der Zwischenzeit gebildet. 1948 hatte er noch vermerkt, dass *die «Vorüberziehende Wolke» und das Stück in der N. R.* – gemeint ist entweder die *Heimkehr* oder *Eine leichte Enttäuschung* – *ganz gute Novellen sind.*[446] 1949, als ihm Weismann – dem daran lag, seinem Verlag ein literarisches Profil zu verleihen und der aus diesem Grunde auch Elias Canettis «Blendung» damals in sein Programm aufnahm – seine Absicht zum ersten Mal dargelegt hatte, äußerte Broch sogar: *Am liebsten würde ich ja eine Zusatznovelle fabrizieren, erstens um zu sehen, ob ich so etwas noch machen kann und wie das heute ausschauen würde, und zweitens um dem Band ein besseres Gesicht zu geben.*[447] Broch neigte also selbst dazu, die alten Erzähltexte durch neue zu ergänzen: *Mir ist gerade jetzt doppelt klar, da ich mich mit den alten Novellen […] befasse; ich kann heute sicherlich ‹besser› dichten als vor zwanzig Jahren (Und Sie werden das auch bald an den neuen Einschub-Novellen bestätigt finden […]).*[448] In einem anderen Brief führte er aus: *Daß ich eine gewisse Meisterschaft erlangt habe, in der man nichts Schlechtes macht, versteht sich, und es wäre traurig, wenn es nicht so wäre […].*[449] Broch hat in seinem *Entstehungsbericht* zu dem Buch, der sich im Anhang befindet, diese Situation verwischt und bewusst den Eindruck erwecken wollen, er sei gewissermaßen genötigt worden, die Erweiterung der alten Novellen vorzunehmen. Sein eigenes artistisches Interesse an der Überarbeitung und Ausweitung hat er dabei unterschlagen. Das erklärt sich zum Teil daraus, dass er nach dem Abschluss des *Vergil*-Romans erklärt hatte: *Grundsätzlich habe ich mich nach dem «Vergil» für Dichtungsschluß entschieden*[450], was ja auch der Logik dieses Romans entsprochen hätte. Vor dem Hintergrund dieser Situation erschien ihm eine neue künstlerische Arbeit als inkonsequent. Diese Widersprüchlichkeit, die der Entstehung der *Schuldlosen* zugrunde liegt, hat Broch selbst kritisch reflektiert: *Ich mache nun ein Kunstwerk, dessen Frivolität sich lediglich durch zwei Haltungen legitimiert, nämlich (1) durch die Verachtung des Literaturgewerbes und seiner Überschätzung als ‹heiliger Kunst›; (2) durch die restlose Akzeptierung dieser Heiligkeit, allerdings nur während des Arbeitsprozesses. Und so scheine ich etwas recht Anständiges zustandezubringen […].*[451] *Die Schuldlosen* lassen sich freilich nicht als Summe, sondern nur als Querschnitt durch Brochs gesamtes literarisches Schaffen lesen. Alle zeitlichen Stufen sind darin enthalten. Auf die früheste Stufe verweist der lyrische Rahmen des Buches, den Broch als *Stimmen* bezeichnete. Brochs großes Jugendgedicht *Cantos 1913* bildet die Textgrundlage der *Stimmen.* Die Umarbeitung und Ausweitung beschäftigte ihn sehr lange. Mitte Februar 1950 berichtete Broch: *Wissen Sie, daß die Gedichte mit ihren 16 Seiten genau so viel Zeit wie die 350 Seiten Prosa des Romans in Anspruch genommen haben? Seit September beschäftige ich mich nahezu unausgesetzt mit dieser Dichte-*

rei […].[452] In einem anderen Brief führte er aus: *Im September habe ich Dir berichtet, daß der so plötzlich eingeschobene Roman fertiggestellt sei; das war ein schwerer Irrtum, denn ich habe noch weitere 10 Wochen dransetzen müssen, einesteils für die Schlußkorrekturen, andernteils für die Gedichte, mit denen ich die jeweilige Grundstimmung des Buches anschlage, und gerade damit hatte ich eine Höllenpein.*[453] Die Änderungen, die Broch an den alten Novellen vornahm – Novelle und Erzählung sind für Broch Synonyme –, gingen nicht sehr weit. In *Methodisch konstruiert*, der ältesten Erzählung, wurden einige Namen geändert und die Anspielungen auf den Literaturbetrieb des Expressionismus ausgemerzt. In *Mit schwacher Brise segeln* wurden einige neue Motive hineingearbeitet, die die Verbindung zu den andern Erzähltexten herstellen, so zum Beispiel das Motiv des Andreaskreuzes, in dem der Gedanke des Opfertodes angedeutet wird. Am wenigsten – bis auf den ursprünglichen Titel *Die Heimkehr* – wurde die Erzählung *Verlorener Sohn* verändert; alle Dreiecksbilder sind bereits in der ursprünglichen Fassung vorhanden. Einige wesentliche Zusätze machte Broch zu der Erzählung *Vorüberziehende Wolke*: Alle auf den Nationalsozialismus verweisenden Stellen sind neu hinzugekommen, so die Erwähnung des Hakenkreuzes, Hitlers und der Parteizugehörigkeit. *Eine leichte Enttäuschung* blieb fast ohne jede Änderung. So ist es einigermaßen irritierend, wenn Broch in seinen Briefen aus jener Zeit häufig betonte: *Ich konnte mir nicht anders helfen, als die Stücke vermittels sinngebender Einschiebungen zu einem Roman zu komplettieren […].*[454] Soweit das die Einschiebungen innerhalb der alten Erzähltexte betrifft, übertreibt Broch beträchtlich. Er konnte jedoch auch die neuen Erzählbeispiele damit gemeint haben: sechs insgesamt und die *Parabel von der Stimme.* Unter diesen sechs befindet sich *Die Erzählung der Magd Zerline*, von der Hannah Arendt gesagt hat: «Die Ballade der Zerline ist eine der größten Liebesgeschichten, die ich kenne und mir persönlich vielleicht die liebste.»[455]

Die Handlung dieses Novellen-Romans ist auch aufgrund der vom Zufall bestimmten Entstehungsgeschichte verwirrend vielfältig, zumal Broch einmal betonte: *Im Grunde gibt es in dem Buch kaum Nebenpersonen […].*[456] Im Mittelpunkt stehen drei Gestalten, die auf zwei Handlungsebenen in den einzelnen Erzählungen wiederkehren. Ein junger Mann, Andreas, ein Diamantenhändler und geschickter Geschäftemacher, der jeder Verantwortung aus dem Weg geht und dem dennoch alles zum Besten ausschlägt, bestimmt die erste Handlungsebene. Die andere repräsentiert der Studienrat Zacharias, Verkörperung des Spießertums, NS-Parteigenosse, vom Pantoffelheldentum seiner Frau gegenüber und sexueller Perversion ebenso bestimmt wie von großen hohlen Worten. Eine dritte, mythische Ebene wird in der Gestalt des Imkers angedeutet, des singenden weißhaarigen Alten, der zugleich das lyrische Ich der *Stimmen* ist, in denen sich der jeweilige Zeitgeist kristallisiert. Andreas findet in einer fremden Stadt zufällig im Haus der alten Baronin W. ein Zimmer, gegen den Willen ihrer Tochter. Die gediegene Oberfläche des Hauses täuscht. Die geheime Herrin ist die Magd Zerline, die um den Ehebruch der Baronin mit einem Herrn von Juna weiß – er ist der Vater der Tochter Hildegard –, die Baronin dadurch in der Hand hat und auch gegen Hildegard intrigiert und sie ebenfalls zu instrumentalisieren versucht. Wiederum durch Zufall lernt Andreas Melitta, die Enkelin des Imkers, kennen. Bei einem Besuch Melittas arrangiert es Zerline, dass sie zur Geliebten von Andreas wird. Sie spielt nun Melitta und Hildegard gegeneinander aus. Melitta begeht Selbstmord, als sie erfährt, dass Hildegard Andreas verführt hat. Ohne seine Schuld an dieser Verwicklung einzusehen, zieht sich Andreas mit der Baronin und Zerline in das alte Jagdhaus des Herrn von Juna zurück. Erst die Begegnung mit dem singenden Imker führt ihn zur Erkenntnis seiner Schuld und zum Entschluss des freiwilligen Sühnetods. Am Ende triumphiert jedoch Zerline, die, von jeder moralischen Erwägung frei, nur die Erfüllung ihrer Triebe kennt: Ihre Rache an Herrn von Juna, dessen verschmähte Geliebte sie gewesen ist, erfüllt sich, als sie nach dem Tod von Andreas auch die Baronin durch Gift beseitigt und durch die testamentarische Verfügung Andreas' den gesamten Besitz erbt. Unter diesem Aspekt hat Broch Zerline als die eigentliche Hauptfigur der *Schuldlosen* bezeichnet, eine triebhafte weibliche Entsprechung – die entfesselte Irrationalität – zur entfesselten Rationalität des Huguenau in den *Schlafwandlern*.

Broch hat vom Juni 1949 bis Februar 1950 an den Erzählungen gearbeitet, die Arbeit am lyrischen Rahmen nahm ihn nochmals bis September in Anspruch. Das Buch ist also in erstaunlich kurzer Zeit abgeschlossen worden. Kafkas gegenständliches Erzählen, das in seinen einfach scheinenden Sätzen die Zwischenräume zwischen den Dingen mit benennt, wurde ihm zum eigentlichen Vorbild, auch wenn er im *Entstehungsbericht* der *Schuldlosen* nochmals Joyce erwähnt. Die *Echtheit* des neuen Mythos, so sah Broch gegen Ende seines Lebens, *hat bisher nur ein einziger aufgebracht, und das war Kafka*[457]. Von dieser neuen Erzählhaltung sind im Ansatz die *Schuldlosen* bestimmt. In diesem *Roman in elf Erzählungen* sind Stücke enthalten, die zu den eindringlichsten Prosaleistungen gehören, die Broch je gelungen sind. Zugleich schließt er mit diesem Buch den Bogen, der mit den *Schlafwandlern* begonnen wurde. In einem Selbstkommentar, *Probleme und Personen «Der Schuldlosen»*, hat Broch darüber ausgeführt: *Mit den «Schuldlosen» hat der Dichter des «Tod des Vergil» die Linie seiner Romantrilogie «Die Schlafwandler» wieder aufgenommen: da wie dort ist ein Stück deutscher Geschichte von innen her erfaßt, dort die zum ersten Weltkrieg hinführende und in ihm endende wilhelminische Epoche, hier der noch unheilschwangere Abschnitt, der bis zu Hitlers Machtergreifung reichte. […] Die ganze Skala dichterischer Ausdrucksformen, Lyrik wie schlichte Erzählung, mythische wie märchenhafte Darstellung, Karikatur wie philosophische Einsicht, wird herangezogen, um das so reich komplexe Zeitbild einzufangen. […] Die «Schlafwandler» hatten mit der Gestalt des Huguenau den neuen Typus Mensch bereits vorskizziert und gezeigt, daß er ein Produkt des zunehmenden Wertzerfalls ist. Von hier aus wird es verständlich, daß heute, da nunmehr die alten Werthaltungen mit all ihren sozialen und sonstigen Bindungen – in Deutschland infolge der Niederlage 1918 schärfer als anderswo – schier zur Gänze ausgetilgt sind, der Mensch mit einem Mal radikal auf sich selbst gestellt ist, verdammt zur Einsamkeit. Und eben […] aus der Vereinsamung ergibt sich das fürchterlichste Phänomen des modernen Lebens, die ‹Schuld› des neuen Menschen, seine Kainshaftigkeit: bis zur Selbstauflösung gegen sich selber gleichgültig, ist er ohneweiters auch bereit, den Nebenmenschen auszulöschen.*[458] Es ist allerdings fraglich, ob Broch gut beraten war, eine so intensive Verbindung dieses Projekts zu den *Schlafwandlern* herzustellen, da die Konzeption des *polyhistorischen Romans* nur an der Oberfläche für das neue Buch gilt.

Ende 1949 erschien der Roman in München. Die Aufnahme war zwiespältig. Broch selbst hatte das zum Teil durch seinen *Entstehungsbericht* verschuldet. Man sprach von einer gewollten Konstruktion und übersah gänzlich die werkgeschichtliche Kontinuität des Projekts. Hannah Arendt hat die *Schuldlosen* über die *Schlafwandler* gestellt.

Schon bei den *Schuldlosen* wird deutlich, dass Broch versuchte, auch Erkenntnisse, die er sich durch seine massenpsychologischen Forschungen erarbeitet hatte, in dichterische Gestaltung umzusetzen. Das gilt ganz besonders auch für die Umarbeitung seines letzten unvollendet gebliebenen Romans, den er nach Fertigstellung der *Schuldlosen* nochmals aufnahm: den religiösen Roman oder Bergroman. Er hatte das Manuskript-Konvolut aus Europa retten können, hatte auch in der Zwischenzeit gelegentlich daran gearbeitet, jedoch eigentlich selbst nicht mehr daran geglaubt, dass er dieses Buch je abschließen würde. Aber als sein New Yorker Verleger die mögliche Herausgabe eines politischen Buches von einem vorher veröffentlichten Roman abhängig machte, blieb ihm keine andere Wahl. Anfang 1950 schrieb er: *Ich muß [...] bis 1. Oktober 50 meinen zweiten Roman abgeliefert haben*[459], aber an eine Einhaltung dieses Termins war nicht zu denken. Denn Broch begann nicht die abgebrochene zweite Fassung zu Ende zu führen, sondern eine dritte Fassung zu schreiben. Zwei Gründe gab es dafür. Der eine betrifft die inhaltliche, der andere die stilistische Intention. Broch hatte sich in seinen letzten Jahren intensiv mit dem Phänomen des Altersstils beschäftigt. In seiner Einleitung zu einer amerikanischen «Ilias»-Ausgabe, *The Style of the Mythical Age*, hatte er versucht, *eine Theorie des Altersstiles zu skizzieren*[460]. Zwei Züge sind für den Altersstil in Brochs Sicht besonders kennzeichnend: *Eine Art von Abstraktion, in der der Ausdruck weniger und weniger auf dem Wortmaterial aufbaut, das letztlich auf einige wenige primäre Symbole reduziert wird, und stattdessen mehr und mehr von der Syntax ausgeht*[461]; auf der anderen Seite die Neigung, *sein eigenes ethisches Weltbild auszufüh-*

ren[462]. In der dritten Fassung des Bergromans versuchte Broch, diesen Altersstil in seinem Schreiben umzusetzen. Die Ausdehnung der zweiten Fassung wurde nun zum Teil wieder rückgängig gemacht. Eine Tendenz zur Straffung wird erkennbar, nicht nur in der Verwendung des Wortmaterials, sondern auch in der Emphase der hymnischen Abschnitte, die erst in der zweiten Fassung hinzugekommen waren. An dem Manuskript dieser dritten Fassung arbeitete Broch bis zu seinem Tod, und zwar hatte er, wie Hannah Arendt mitteilte, die zweite Fassung neben der Schreibmaschine liegen, während er die dritte erarbeitete. Diese dritte Fassung gedieh nur bis zum vierzehnten Kapitel. 1953 erschien im Rhein-Verlag eine Kompilation aus allen drei Fassungen unter dem Titel *Der Versucher*. Der Herausgeber Felix Stössinger hat nicht die Absicht gehabt, die Textverhältnisse in einer historisch-kritischen Ausgabe zu dokumentieren, sondern einen lesbaren Romantext herzustellen. Das schloss vom philologischen Standpunkt aus Willkürlichkeiten ein. Die größte ist der Titel des nachgelassenen Romans. Stössinger hat seiner Ausgabe die zweite Fassung zugrunde gelegt und ihren fehlenden Schluss durch die erste ergänzt. Es hätte nahe gelegen, die dritte Fassung für die ersten Kapitel zu nutzen. Das hat Stössinger jedoch erst vom dritten Kapitel an getan; in den beiden ersten Kapiteln hat er mitunter Stellen aus der dritten Fassung eingeblendet. An einigen Stellen hat er auch persönlich ändernd eingegriffen. Seine Feststellung, «Der Leser erhält einen integralen Text von Broch, dem nichts hinzugefügt wurde als der Titel»[463], ist unzutreffend.

Aber nicht nur die Überlegungen über den Altersstil haben Broch veranlasst, seinen alten Roman nochmals neu schreiben zu wollen. Auch die inhaltliche Absicht hatte sich geändert. Ursprünglich als religiöser Roman geplant, trat in der zweiten Fassung die Gestaltungsebene des Mythischen neu hinzu. Nun in der dritten Fassung erblickte Broch seinen Romanentwurf unter dem Aspekt seiner massenpsychologischen Forschungen. Das Buch erhielt sozusagen eine politische Intention: *In diesem Roman habe ich versucht, das deutsche Geschehen mit all seinen magischen und mystischen Hintergründen […] in seinen Wurzeln aufzu-*

decken.[464] In einem ausführlichen Selbstkommentar, *Die Verzauberung (Roman)*, hat Broch das noch verdeutlicht: *Ich habe versucht, mein Problem ‹Massenpsychisches Geschehen› […] aufzugreifen. Ich habe den Schauplatz in ein einsames Gebirgsdorf verlegt, dessen Abgeschiedenheit es erlaubt, einfachste Gestaltungslinien zu ziehen, und ich habe die Befragung der Einzelseele im Tagebuch des im Dorf ansässigen Landarztes niedergelegt: das Tagebuch ist die einfachste und ehrlichste Form, um ein psychisches Geschehen abzuspiegeln, und da Bauern keine Tagebücher führen, mußte ich dieses Amt einem Intellektuellen überantworten. […] Die Handlung ist überaus einfach: in dieses Primitiv-Dorf wandert ein Fremder ein; es werden ihm keine Sympathien entgegengebracht, im Gegenteil, er wirkt abstoßend und lächerlich. […] Aber nach und nach gewinnt er Anhängerschaft, erst bei der Jugend, dann bei den Erwachsenen, und schließlich hat er das ganze Dorf in seinem Bann, nicht zuletzt, weil einige Großbauern in seiner Unterstützung ihren Nutzen zu sehen glauben. Die Dinge nehmen nun immer besessenere Gestalt an […], das Unglaubwürdigste wird geglaubt, heidnische und mythologische Vorstellungen brechen auf, alle sadistischen Triebe werden freigemacht, und schließlich in einer Art heidnischer Opferfeier, zu der ein Kirchweihfest ausartet, fällt die Gegenspielerin des Eindringlings, eine alte und weise Frau, in der sich die Güte der Humanität verkörpert, dem Toben zum Opfer: es ist, als ob die Muttergesellschaft nochmals vernichtet hätte werden sollen. Nach dieser Klimax beginnt das Dorf sich wieder zu zivilisieren, sogar der Narr, welcher nunmehr die Dorfherrschaft ergriffen hat, fügt sich wieder in den Alltag ein, aber Menschliches ist für immer verloren gegangen. All diese Begebenheiten werden von dem Arzt mitgemacht und erzählt, und ohne daß er es selber merkt, wird […] er von dem Taumel ergriffen. […] Sein Schreiber meint, daß sich nichts in ihm verändert hätte, daß es der gleiche sei wie zu jener Zeit, da er sein Tagebuch begonnen hatte.*[465]

Broch hat sich buchstäblich bis zu seinem Tod mit dichterischen Arbeiten beschäftigt, aber dennoch zu jener Zeit immer wieder darauf hingewiesen: *Es ist meine Eitelkeit, und ich glaube eigentlich meine einzige, darauf hinzuweisen, daß die Dichterei für mich im Grund bloß Nebenbeschäftigung ist, u. z. eine, die mich viel zu sehr von meiner Hauptarbeit abhält, als die ich meine mathematische Erkenntnistheorie betrachte […] sie begleitet mich seit 30 Jahren.*[466]

Natürlich ist das eine Fehleinschätzung, zumal diese mathematische Erkenntnistheorie – das belegen die erhaltenen Manuskripte im Nachlass – ein Phantom darstellt. Das Echo, das er bereits zu Lebzeiten fand, ging immer von seinen dichterischen Arbeiten aus, obwohl es nie überschwänglich war. Eine nachhaltige Wirkung Brochs begann sich zu seinen Lebzeiten nur zögerlich anzubahnen und ist nach einer intensiven akademischen Beschäftigung mit seinem Werk in den vergangenen Jahrzehnten auch heute wieder deutlich abgeflacht.

Die äußerlichen Zeichen einer einsetzenden Wirkung blieben Broch versagt. Er hat nie einen Literaturpreis erhalten, denn die Ehrengabe der American Academy for Arts and Letters war eher eine finanzielle Unterstützung als ein offizieller Preis. Ein Ehrendoktorat der Wiener Universität und ebenso der Wiener Literaturpreis standen in Erwägung für ihn – besonders der Schriftsteller Rudolf Brunngraber setzte sich in Österreich für ihn ein – wurden ihm aber letztlich vorenthalten, da er *zu wenig ‹österreich-verbunden› sei*[467]. 1950 wurde er für den Nobelpreis für Literatur vorgeschlagen. In Deutschland setzten sich Thieß und Kasimir Edschmid für ihn ein, in Österreich Brunngraber und Schönwiese und in den Vereinigten Staaten später auch Thomas Mann. Der Nobelpreis hätte Broch wahrscheinlich das Leben gerettet,

Thomas Mann in Pacific Palisades, 1947

ganz zu schweigen vom literarischen Durchbruch, der damit für ihn verbunden gewesen wäre. Dennoch stand er dem Preis bei aller Wichtigkeit für ihn ironisch gegenüber. Ende März 1950 – ein Tag vor der Entscheidung der Stockholmer Akademie – schrieb er an seinen Verleger Brody: *Wenn ich morgen den Nobelpreis krieg, pack ich übermorgen ein und werde demnach pünktlich zum Termin in Lugano eintreffen. […] Hast Du schon mit dem König gesprochen? Sag ihm, daß ich früher Tennis gespielt hab, das ist ihm wichtig.*[468] Broch erhielt den Preis nicht. Auch eine andere Auszeichnung blieb Broch aufgrund seines frühen Todes versagt. Ende 1950 trug ihm die Deutsche Akademie für Sprache und Dichtung in Darmstadt unter ihrem Präsidenten Rudolf Pechel die Aufnahme als korrespondierendes Mitglied an. Obwohl Broch sich über die *sehr große Auszeichnung* freute, erwiderte er in seiner Bescheidenheit: *Gemäß Ihrer Mitgliedliste wäre ich der erste amerikanische Staatsbürger, der den Vorzug hätte, der Akademie als Korrespondent anzugehören. Müßte da angesichts seines repräsentativen Ranges im auslanddeutschen Schrifttum nicht Thomas Mann mir vorangehen?*[469] In der Akademie befand sich jedoch bereits Frank Thieß, mit dem Thomas Mann in der Auseinandersetzung über die Innere Emigration hart aneinander geraten war, sodass Thomas Mann sich deutlich zurückhielt, was seinen eigenen Beitritt betraf. Als die Angelegenheit zu stagnieren drohte, schrieb Broch an Thieß: *Thomas Manns schlechtes Gedächtnis kommt mir nun zu Hilfe; in ein paar Monaten denkt er an die Akademie-Sache überhaupt nicht mehr, und dann werde ich ohne viel Aufhebens die Wahl annehmen […].*[470]

Die geplante Aufnahme in die Akademie war mit ein Anlass seiner Europa-Reise. Er hatte außerdem vor, den Verlag Gallimard aufzusuchen, in Zürich mit seinem Verleger Brody über eine Gesamtausgabe zu sprechen, in Wien Freunde und Verwandte wiederzusehen und in Saint Cyr für einige Zeit im Hause seiner Frau zu bleiben. Seinen Sohn hatte er schon im März 1951 nach Wien vorausgeschickt, um seine Bibliothek, die sich in der Wohnung Ea von Alleschs befand, nach Amerika zu verschiffen. Es war die erste große Europa-Reise nach der Vertreibung. Vorher versuchte er, noch unter Hochdruck seine Arbeiten weiter voranzubringen. Aber es war nicht nur das halbe Dutzend Bücher, an dem er bereits schrieb. Neues kam noch hinzu, so die Übersetzung des *Vergil* ins Französische, *die vor Mißverständnissen nur so wimmelt. Ich habe einfach keine Wahl als das Ganze durchzukorrigieren, und das bedeutet eigentlich Neuübersetzung* –, *etwas Fürchterliches bei meinem Zeitmangel: ich hasse die Übersetzung, ich hasse die Arbeit, die ich da hineinstecke, und ich hasse das Buch.*[471] Seine sprichwörtliche Überarbeitung steigerte sich noch in seinen letzten Lebensmonaten: *Die bereits üblich gewordene Überarbeitung, die an meinen alt werdenden Organismus so arge Anforderungen stellt, daß ich mich allmählich frage, ob ich mich in der Frühe noch lebendig in meinem Bett vorfinden werde (und sehr erfreut bin, wenn ich es dann tue).*[472] Was seine Arbeit, vor allem die wissenschaftliche, noch erschwerte, war, dass er ohne jegliche Hilfe war: *Mit einem guten wissenschaftlichen Assistenten und einer routinierten Sekretärin könnte ich's leisten, aber das Schicksal, das Emigranten-Schicksal will es mir nicht leisten.*[473] Es gehört mit zu den Ironien seiner letzten Monate, dass ihm kurz vor seinem Tode die Aussicht auf Hilfe angeboten wurde: *Von der Bollingen-Foundation habe ich die Zusage einer Sekreträrinnenvergütung erhalten, doch gilt das erst ab 1. Januar 1952.*[474] Eigentlich war sein Arbeitsprogramm jedoch unerfüllbar: *Es ist eigentlich ein tragisches Dokument. […] Es ist keineswegs ausgemacht, ob ich das Programm werde noch ausführen können. Und selbst wenn es mir gelänge, dies noch zustande zu bringen, ich kann und darf darüber hinaus kaum mehr etwas planen.*[475]

Einen Monat vor seinem Tod schrieb er: *Ich will in der mir noch verbliebenen Lebensspanne meine Erkenntnistheorie und meine sonstigen wissenschaftlichen Arbeiten fertigbringen, einfach weil ich sie für wichtiger als Literatur halte.*[476] Zu dieser Zeit beschäftigte ihn besonders seine Theorie des *Irdisch-Absoluten*, von der Hannah Arendt sagt: «Das Irdisch-Absolute ist eine wesentliche Entdeckung, weil es nämlich unumgänglich wichtig und notwendig ist unter der Voraussetzung, die von der gesamten Tradition akzeptiert wird, daß die Menschenrechte ‹angeboren› und gleichsam ein Bestandteil des Menschen sind.»[477] Dieser Begriff des Irdisch-Absoluten ist am Phänomen des Todes orientiert: *Seiner Absolutheit, die die einzige Absolutheit der Realität und der Natur ist, muß eine Absolutheit entgegengeworfen werden, die, vom Willen*

Von der Krankheit gezeichnet, um 1948
(Foto: Sol Libsohn)

des Menschen getragen, die Absolutheit der Seele, die Absolutheit der Kultur zu schaffen befähigt ist.[478] Die Arbeit an seinem politischen Buch hatte Broch inzwischen aufgegeben. Noch im Mai 1950 arbeitete er voll Zuversicht daran und veröffentlichte Ausschnitte in einem Aufsatz der «Neuen Rundschau»: *«Trotzdem: Humane Politik. Verwirklichung einer Utopie.»*

Die körperlichen Warnzeichen der Überarbeitung waren unübersehbar. Ende November 1950 hatte ein Arzt Angina Pectoris bei ihm diagnostiziert und Broch vor allem das Rauchen untersagt. Am 1. April 1951 erlitt Broch während der Arbeit eine Herzattacke und wurde in New Haven ins Krankenhaus eingeliefert. Die – für Amerika üblich – anfallenden hohen Kosten veranlassten Broch, gegen den Rat der Ärzte nach einer Woche das Krankenhaus wieder zu verlassen. An die versprochene Schonung dachte er jedoch nicht. Er reiste noch einmal nach New York, besuchte im drückend heißen Frühsommer alte Bekannte, von denen er sich so verabschiedete, als ahnte er, dass es zu Ende mit ihm ging. Mit Galgenhumor beschrieb er die eigene Situation: *Ich habe mir nun glücklich eine Herzattacke angearbeitet, war im Spital, bin halbwegs wieder repariert und infolgedessen im Begriff, die zweite Attacke vorzubereiten.*[479] *Die wirkliche Ursache für diese katastrophale Lage ist natürlich in der Korrespondenz zu suchen […].*[480] Aber Broch war sich auch über die tieferen Ursachen im Klaren: *Ich halte die Vorstellung nicht aus, daß ich die Welt, in die ich hineingesetzt worden bin, ‹undurchschaut› zurücklassen soll. […] Diese unersättliche Erkenntnisgier macht mich zum Leben instinktlos, liefert mich in meinen menschlichen Beziehungen eben jenen verhängnisvollen Zufällen aus – ich habe keine margin for life, nur eine for death.*[481]

Zu seinem 65. Geburtstag im Jahr 1951 kündigte ihm sein alter Freund und Verleger Daniel Brody eine Gesamtausgabe seiner Werke an. Am Morgen des 30. Mai 1951, vermutlich gegen sechs Uhr in der Frühe, setzte Brochs Herz aus. Der Eismann fand ihn noch am Morgen ausgestreckt auf dem Fußboden seines Zimmers liegen, neben ihm ein halb gepackter Koffer.

Brochs Sohn, der sich zu dieser Zeit auf dem Schiff unterwegs in die USA befand, weiß über die Situation unmittelbar nach dem Tod zu berichten: «Es hatten sich allen voran [bei der Nachricht des Todes] jene vier oder fünf Frauen eingefunden, von denen sich jede als die ‹Bevorzugteste und Wichtigste› im Leben Hermann Brochs gewähnt hatte […], jede aber angesichts der anderen sofort eifersüchtig auf ‹ihre Rechte› pochend.»[482] Das Eintreffen von Brochs zweiter Frau aus Frankreich bereitete dem ein Ende. Broch wurde in der protestantischen Dwight Memorial Chapel auf dem ältesten Teil des Yale Campus aufgebahrt. Einer seiner Freunde, der Bildhauer Peter Lipmann-Wulf, nahm drei Tage nach seinem Tod die Totenmaske ab. Brochs Körper wurde den Flammen übergeben. Er hatte gewünscht, weit draußen in Connecticut bestattet zu werden. Henry Seidel Canby, sein alter Freund, erfüllte ihm diesen Wunsch. Seine Urne wurde auf einem der ältesten Friedhöfe in Killingworth bestattet; in der Nachbarschaft seines Grabes befinden sich die Gräber im amerikanischen Bürgerkrieg gefallener Offiziere. Sein Grab liegt seitab unter Bäumen, in einer hainartigen Umgebung. Auf seinem Grabstein steht kein Grabspruch, nur die Worte «Poet and Philosopher Hermann Broch» und die Daten. Nach Brochs Tod stellte sich heraus, dass er verschuldet war. Seine Bibliothek, die sein Sohn gerade aus Österreich herübergeschafft hatte, musste gleich verkauft werden. Aber noch alle Verlagseinkünfte bis Ende 1952 mussten herangezogen werden, um die Schulden abzutragen.

Noch kurz vor seinem Tod hatte Broch einmal geäußert: *Ich möchte so gerne 300 Jahre alt werden.*[483] Und er hatte ebenso gesagt: *Ich trage noch Material für drei weitere Lebenswerke in mir.*[484] Ausgeführt hat er nichts mehr. Die Frage nach der Existenzberechtigung der Dichtung war für ihn zum Thema seines *Vergil*-Romans geworden, es war das Lebensproblem seiner letzten Jahre: *Ich habe eine tiefe Abneigung gegen alles, was Literatur heißt, mehr noch, ich wünsche nicht zu ihr gezählt zu werden, denn sie ist das Gebiet der Eitelkeit und Lüge schlechthin.*[485] Am Ende dieses Lebens steht dennoch die tröstliche Paradoxie, dass Hermann Brochs Werk in der Größe des Wurfs, wenn auch vielleicht nicht im künstlerischen Gelingen zu den großen Leistungen der deutschsprachigen Literatur in der ersten Hälfte unseres Jahrhunderts zählt und es verdient, wieder und wieder gelesen zu werden. Die Unvollkommenheiten, die Wunden und Narben, die im Textkörper dieses literarischen Werks sichtbar werden, gehören zur Wahrheit dieses Werks, das in Jahrzehnten entstand, in denen Unglück und Leid das Leben der Menschen mehr bestimmt haben als Freude und Glück. Broch dokumentiert seinen Widerstand gegen dieses Elend, künstlerisch ergreifend auch dort, wo er hinter den selbst gesetzten Zielen zurückbleibt.

Hermann Broch, 1943 (Foto: Alice von Kahler)

Nachbemerkung

Es ist wahr, ich hätte ihn gern kennen gelernt. Er hat mich als Person und intellektuelle Erscheinung von Anfang an fasziniert, und diese Faszination ist im Lauf der mehr als drei Jahrzehnte, in denen sein Werk mich begleitet, nicht geringer geworden, auch wenn ich manche Teile seines Werkes inzwischen mit größerer Distanz sehe als Mitte der sechziger Jahre und danach. Die Aura seiner Person ist dennoch unbeschädigt geblieben. In einer Zeit des gewissenlosen politischen Mitläufertums, der Gesinnungsheuchelei und des Schreibtisch-Tätertums, das auf weiten Strecken für die Generation der Väter von meinen Jahrgängen gilt, die noch in die Endphase des Zweiten Weltkrieges hineingeboren wurden – was für eine moralische Beispielkraft hat dieser Schriftsteller Hermann Broch! Eine glaubwürdige, wahrhaftige Vaterfigur!

Es gibt von Broch keine filmischen Dokumente, nur Fotos, Briefe, Zeugnisse von Freunden, deren Erzählungen freilich die Lebendigkeit seiner Erscheinung für mich vertieft haben. Ich denke an Erich von Kahler, Hermann Weigand, Curt von Faber du Faur, aber vor allem an Elias Canetti, dem ich in vielen Gesprächen die lebendigsten Schilderungen Brochs verdanke: Brochs zögerliches stockendes Sprechen, seine Zurückhaltung in der Gegenwart anderer und das Aufblühen seines Geistes im freundschaftlichen Dialog. Angesichts der gegenwärtigen umfassenden medialen Vermarktung von Schriftstellern wie Max Frisch bis Günter Grass gibt es bei Broch nahezu kein überliefertes mediales Dokument seiner menschlichen Erscheinung. Ich kenne nur ein einziges: die akustische Aufzeichnung einer Lesung des Vorworts des Landarzts aus dem Bergroman. Canetti hat immer wieder davon gesprochen, dass es so etwas wie einen akustischen Fingerabdruck bei jedem Menschen gibt, das, was er die akustische Maske nennt, eine ganz bestimmte Redeweise, eine bestimmte Satzmelodie und Intonation, ein konstanter Vorrat an bestimmten Satzfiguren und Wendungen, die das Sprechen eines Menschen unverwechselbar machen. Von daher eröffnet diese Aufzeichnung einen Weg zur Persönlichkeit Brochs: ein melodisches verhaltenes Sprechen, unverkennbar österreichisch eingefärbt, zögerlich, ohne den Zuhörer zu überreden, sondern ihn allmählich in Bann schlagend. Man stelle nur den abgehackten militärischen Stakkato-Ton der Sprechweise Ernst Blochs daneben, die einen spontan erschreckt in dem autoritären Gestus, mit dem er die Aufmerksamkeit des Zuhörers erzwingen will, und man wird begreifen, dass Brochs Sprechweise eine Ahnung seiner liebenswerten Persönlichkeit vermittelt.

In der «Nachbemerkung» zu der ersten Fassung dieser Monographie stehen die folgenden Sätze, die nach wie vor Bestand haben: Die vorliegende Arbeit ist aus einer längeren Beschäftigung mit Hermann Brochs umfangreichem Nachlass entstanden, der sich in der Beinecke Rare Book Library der Yale University in New Haven, Conn. USA befindet. Ziel war, nicht nur das Leben Hermann Brochs, sondern auch die Entstehung seiner Werke möglichst umfassend nachzuzeichnen. Da für Broch wie für kaum einen anderen der repräsentativen deutschsprachigen Epiker des 20. Jahrhunderts die Spannung zwischen Reflexion und dichterisch-intuitiver Gestaltung charakteristisch ist, die einzelnen Fassungen seiner literarischen Arbeiten gleichsam aus kontrollierenden Selbstinterpretationen hervorgegangen sind, ist die Reflexion bei ihm mehr als begleitender Kommentar: sie wird zum Gestaltungselement. Deshalb wurde die Dokumentation der subjektiven Absichten Brochs betont.

Für die Genehmigung zur Benutzung unveröffentlichten Materials ist einer Reihe von Persönlichkeiten zu danken, insbesondere Frau Annemarie M. Broch, Herrn Broch de Rothermann, dem Kurator der German Collection der Beinecke Rare Book Library Curt von Faber du Faur, Erich von Kahler, Daniel Brody, die ebenso bei der Beschaffung des Bildmaterials zur Hand gingen. Dank gebührt auch der Librarian der German Collection und Betreuerin des Broch-Archivs, Frau Hedwig Dejon.

Manche biographische und werkgeschichtliche Einzelheiten, die in den sechziger Jahren noch nicht eruiert waren, sind in der Zwischenzeit dokumentiert worden. Es versteht sich, dass sie in der jetzigen Darstellung berücksichtigt wurden. Bei einigen Einzelheiten scheint mir meine Sicht nach wie vor die zuverlässigere zu sein, und ich habe deshalb daran festgehalten. Da die repräsentative Werkausgabe, die sich in den meisten Bibliotheken befindet, nach wie vor die zehnbändige Gesamtausgabe des Rhein-Verlags ist, die auch historisch das Instrument der wissenschaftlichen Erschließung Brochs wurde, blieb sie auch hier die Arbeitsgrundlage. Wo Texte des Nachlasses behandelt werden, die inzwischen in der Taschenbuch-Ausgabe bei Suhrkamp erschienen sind, wird in den Anmerkungen darauf aufmerksam gemacht.

Anmerkungen

Die am häufigsten gebrauchten Abkürzungen sind: GW = Broch: Gesammelte Werke, TA = Broch: Taschenbuch-Ausgabe, BA = Broch-Archiv, DLA =Deutsches Literaturarchiv Marbach, BB = Broch-Brody-Briefwechsel, Br = Brief, Dok. = Dokument, Ms. = Manuskript, BdR = Broch de Rothermanns biographischer Brief. Fremdsprachige Zitate wurden vom Verfasser übersetzt.

1 Martin Lüdke: Der gehetzte Engel mit dem Doppelberuf. In: Der Spiegel 44, 27. 10. 1986, S. 250–258
2 Günther Anders: Mensch ohne Welt. Schriften zur Kunst und Literatur. München 1984, S. XLI
3 Elias Canetti: Das Augenspiel. Lebensgeschichte 1931–1937. München 1985, S. 281 f.
4 P. M. Lützeler: Hermann Broch – Ethik und Politik. Studien zum Frühwerk und zur Romantrilogie «Die Schlafwandler». München 1973
5 So Michael Naumann in seiner Rede zum 60. Geburtstag Peter Rühmkorfs im Oktober 1989 in Frankfurt. Ich zitiere aus dem Gedächtnis.
6 Dank. In: Wortmasken. Texte zu Leben und Werk von Elias Canetti. München 1995, S. 144
7 Ich beziehe mich hier auf Gesprächsäußerungen Canettis mir gegenüber bei verschiedenen Anlässen in den 70er Jahren.
8 Das Vermächtnis von Brochs *Schlafwandlern*. In: Hermann Broch. Hg. von P. M. Lützeler. Frankfurt a. M. 1986, S. 38
9 Die Kunst des Romans. München 1987, S. 12
10 In: Hermann Broch, a.a.O., S. 31
11 In: Hermann Broch, a.a.O., S. 42, S. 44, S. 47
12 Brief an Karl Burger vom 2. 4. 1946. In: TA 13/3, S. 89
13 Brief an Egon Vietta vom 14. 11. 1947, zitiert nach: BB, S. 904
14 Br 16. 6. 49, BA
15 Br 10. 4. 51, BA
16 Br 11. 11. 48, BA
17 Br 6. 12. 48, BA
18 GW 8, S. 337
19 Br 27. 7. 50, BA
20 In: Das literarische Deutschland, 20. 6. 1951
21 GW 8, S. 404
22 DLA
23 R. Mandelkow: Brochs Romantrilogie ‹Die Schlafwandler›. S. 15
24 Dieses Tagebuch ist inzwischen erschienen: Das Teesdorfer Tagebuch für Ea von Allesch. Frankfurt a. M. 1995
25 GW 8, S. 388
26 GW 8, S. 360
27 GW 9, S. 37
28 Brief an Elisabeth Augustin, 21. 5. 1948, DLA
29 GW 8, S. 321
30 GW 8, S. 52
31 Br 3. 5. 49, BA
32 Br 15. 2. 49, BA
33 Br 15. 2. 49, BA
34 Br 3. 5. 49, BA
35 Aus diesem Brief, den mir Brochs Sohn zur Verfügung gestellt hat, wird im Folgenden öfter zitiert: BdR
36 W. Rothe: Der junge Broch. In: Neue Deutsche Hefte (1960), S. 780–797, Zitat S. 780
37 BdR, S. 5
38 BdR, S. 5 f.
39 GW 6, S. 107
40 BdR, S. 8
41 BdR, S. 6
42 GW 10, S. 329
43 GW 10, S. 375
44 BdR, S. 19
45 Br 3. 5. 49, BA
46 Brief an Jadwiga Judd vom 28. 9. 1945, BA
47 Ebenda
48 GW 10, S. 353 f.
49 Br 15. 2. 49, BA
50 GW 10, S. 380

51 GW 8, S. 180f.
52 GW 8, S. 223
53 GW 8, S. 322
54 GW 6, S. 111
55 GW 6, S. 112
56 Br 3. 5. 49, BA
57 GW 6, S. 111
58 BdR, S. 9
59 GW 6, 114
60 GW 6, 120
61 GW 6, S. 117
62 GW 1, S. 126
63 GW 8, S. 79
64 BA
65 GW 6, S. 117
66 BA., inzwischen veröffentlicht in: TA 8, S. 115f.
67 GW 6, S. 130
68 Br 2. 9. 43
69 Br 13. 1. 09, BA
70 BdR, S. 9
71 GW 8, S. 359
72 BdR, S. 9
73 W. Rothe: Der junge Broch, S. 780
74 Br 6. 6. 49, BA
75 BdR, S. 9
76 Br 14. 10. 49, BA
77 Br 15. 2. 49, BA
78 BdR, S. 11
79 BdR, S. 10–12
80 BdR, S. 12
81 Br 6. 12. 07, BA
82 Br 14. 2. 08, BA
83 Br 22. 2. 08, BA
84 Br undat. 1908 (?), BA
85 Br 25. 4. 08, BA
86 Dok., BA
87 BdR, S. 14
88 GW 6, S. 111
89 Br 3. 5. 49, BA
90 GW 9, S. 37
91 Br 17. 1. 51, BA
92 Vgl. Klaus Amann und Helmut Grote: Die Wiener Bibliothek Hermann Brochs. Wien 1990.
93 BdR, S. 16
94 Ebenda
95 Ms., BA
96 Ms., BA
97 BdR, S. 16f.
98 GW 6, S. 43
99 Br 8. 9. 50, BA
100 Der Brenner III/18 (1913), S. 136
101 Ebenda
102 GW 8, S. 260
103 GW 8, S. 149
104 GW 8, S. 155
105 GW 8, S. 156
106 GW 10, S. 330
107 Der in der Forschung gelegentlich geäußerten Vermutung, die Datierung der *Cantos* sei auf eine spätere Zeit anzusetzen, kann ich mich nicht anschließen. Als ich Mitte der 60er Jahre im Archiv arbeitete, lag mir der Text in einem Ms. vor, das aufgrund des Papiers und der Schriftzüge Brochs in die frühe Zeit verweist. Da zu dieser Zeit Verwandte und Freunde Brochs unkontrollierten Zugang zum Nachlass hatten, ist nicht auszuschließen, dass jemand das Ms. dem Nachlass entnommen hat. Ich erinnere mich beispielsweise, dass anlässlich eines Besuches in jener Zeit im Hause Erich von Kahlers dieser Ms. Brochs, über die er verfügte, als kleine Gastgeschenke an Freunde weitergab.
108 Kurt-Wolff-Archiv, Yale
109 GW 8, S. 360
110 GW 10, S. 329f.
111 GW 8, S. 71
112 Br 8. 2. 51, BA
113 Br 30. 10. 46, BA
114 Dok., BA
115 Dok., BA
116 Bd. 3, Nr. 64 (1919), S. 269–273
117 Ebenda
118 GW 9, S. 40
119 GW 8, S. 127
120 TA 8, S. 13
121 GW 10, S. 238
122 Nachwort. In: Franz Blei: Schriften in Auswahl. München 1960, S. 664
123 S. 151–159
124 Br undat., BA
125 Methodisch konstruiert. Über das Romanwerk von Hermann Broch. In: Merkur V/38

(April 1951), S. 389–395
126 Ebenda
127 S. 155–158
128 GW 6, S. 219
129 GW 9, S. 44 f.
130 The Literary Criticism of Hermann Broch, S. 62. In: Hermann Broch. Literature, Philosophy, Politics. Hg. von Stephen D. Dowden, Columbia SC, 1988.
131 Das Teesdorfer Tagebuch für Ea von Allesch, S. 15
132 W. Rothe: Der junge Broch, S. 793
133 Ernst Schönwiese, in: GW 10, S. 28
134 GW 10, S. 258
135 GW 10, S. 260
136 GW 8, S. 198
137 Br 22. 9. 47, BA
138 Br 30. 1. 50, BA
139 Br 18. 12. 35, BA
140 BdR, S. 21
141 Das Teesdorfer Tagebuch, S. 213
142 Das Augenspiel. München 1985, S. 33 ff.
143 Br 15. 2. 49, BA
144 Br undat., BA
145 BdR, S. 23
146 GW 10, S. 330
147 W. Rothe: Der junge Broch, S. 781
148 Br 15. 2. 49, BA.
149 Br undat. 1925, BA
150 GW 8, S. 360
151 Ebenda
152 GW 8, S. 101
153 GW 9, S. 45 f.
154 GW 8, S. 127
155 BdR, S. 24
156 Br 5. 4. 36, BA
157 Th. Ziolkowski: Zur Entstehung und Struktur von H. B.s Schlafwandlern. In: DVJ 38/1 (1964), S. 40–69
158 Ebenda, S. 51
159 In: Das literarische Deutschland vom 20. 6. 1951
160 Br 26. 1. 44, BA
161 GW 8, S. 34
162 GW 10, S. 316
163 Ziolkowski, a.a.O., S. 45
164 GW 8, S. 28
165 Br 27. 3. 30, BA
166 GW 8, S. 13
167 GW 10, S. 332
168 Br 29. 9. 31, BA
169 GW 10, S. 316
170 GW 8, S. 15
171 GW 8, S. 23
172 GW 8, S. 19
173 GW 8, S. 21
174 GW 8, S. 22
175 GW 8, S. 45
176 Br 21. 5. 48, BA
177 GW 8, S. 36
178 GW 8, S. 28
179 GW 8, S. 39
180 GW 8, S. 28
181 GW 8, S. 38
182 GW 8, S. 39
183 GW 8, S. 43
184 GW 8, S. 46
185 Ebenda
186 GW 8, S. 37
187 Br 23. 8. 33, BA
188 GW 10, S. 332 f.
189 GW 8, S. 47 f.
190 GW 8, S. 33
191 GW 10, S. 319
192 GW 8, S. 28 f.
193 GW 8, S. 29
194 GW 2, S. 630
195 GW 8, S. 3
196 Ebenda
197 GW 8, S. 53 f.
198 GW 8, S. 43
199 GW 8, S. 54
200 Br 25. 8. 31, BA
201 Br 20. 4. 31, BA
202 Br 5. 6. 31, BA
203 GW 8, S. 56
204 Br 28. 7. 31, BA
205 GW 8, S. 5
206 GW 8, S. 60 f.
207 Br 4. 8. 31, BA
208 Br 25. 9. 31, BA
209 Br 5. 9. 31
210 Br 28. 8. 31, BA
211 GW 2, S. 477
212 Ebenda
213 Br 2. 11. 31, BA
214 Br 10. 1. 32, BA

215 GW 10, S. 337
216 Ebenda
217 Brief an den Verf. vom 3. 8. 1965
218 GW 8, S. 56 f.
219 Br 30. 12. 32, BA
220 In der Deutschen Allgemeinen Zeitung vom 1. 6. 1932
221 GW 10, S. 319 f.
222 Br 25. 2. 33, BA
223 Br 14. 12. 32, BA
224 Br 29. 12. 32, BA
225 GW 10, S. 322
226 GW 10, S. 344
227 Bd. XI, Nr. 45, Juli 1932
228 GW 10, S. 342
229 GW 10, S. 348
230 GW 10, S. 362
231 Br 31. 5. 32, BA
232 GW 10, S. 343
233 GW 8, S. 72
234 GW 8, S. 77
235 GW 10, S. 347
236 GW 8, S. 77
237 Br 26. 9. 32, BA
238 Br 27. 9. 32, BA
239 Br 24. 9. 32, BA
240 Br 26. 9. 32, BA
241 GW 8, S. 34
242 Br 28. 11. 32, BA
243 Br 29. 12. 32
244 GW 10, S. 351
245 GW 10, S. 359
246 GW 10, S. 364
247 GW 10, S. 338
248 GW 10, S. 335
249 GW 8, S. 44
250 Br 7. 2. 31, BA
251 GW 10, S. 339
252 GW 10, S. 363
253 GW 8, S. 130
254 GW 8, S. 415 f.
255 Br 20. 7. 33, BA
256 Br 15. 1. 32, BA
257 Br 21. 2. 33, BA
258 GW 6, S. 233
259 GW 6, S. 217
260 Ebenda
261 GW 6, S. 322
262 GW 6, S. 346
263 Tagebücher, Aphorismen, Essays und Reden. Hamburg 1955, S. 361
264 Br 2. 9. 33, BA
265 GW 10, S. 318
266 Br 15. 12. 33, BA
267 A. a. O., S. 313
268 A.a.O., S. 567
269 GW 8, S. 97
270 GW 8, S. 15
271 GW 8, S. 24
272 Ebenda
273 Vgl. GW 2, S. 505
274 GW 10, S. 324
275 Br 15. 1. 32, BA
276 Br 27. 9. 32, BA
277 Br 8. 12. 32, BA
278 GW 8, S. 74
279 Br 1. 9. 32, BA
280 GW 8, S. 76
281 Ebenda
282 GW 10, S. 355
283 Ms., BA
284 Br 18. 1. 49, BA
285 Inzwischen veröffentlicht in: TA, 7, S. 235 ff.
286 Br 8. 12. 35, BA
287 Inzwischen gleichfalls veröffentlicht in: TA 7, S. 311 ff.
288 GW 8, S. 43
289 GW 8, S. 87
290 Br 5. 11. 33, BA
291 Ms., BA, inzwischen veröffentlicht in: TA 2, S. 243 ff.
292 Inzwischen gleichfalls veröffentlicht in: TA 2, S. 145 ff.
293 Br 14. 11. 46, BA
294 GW 8, S. 84
295 GW 8, S. 83
296 GW 10, S. 352
297 In der Nr. vom 21. April 1933
298 Inzwischen veröffentlicht in: TA 6, S. 205 ff.
299 GW 10, S. 354
300 GW 10, S. 187
301 GW 10, S. 187 f.
302 Br 26. 7. 33, BA
303 Br 20. 7. 33, BA
304 Inzwischen veröffentlicht in: TA 6, S. 196 ff.
305 GW 8, S. 91
306 GW 8, S. 84
307 Br 2. 11. 33, BA
308 GW 10, S. 359

309 GW 8, S. 100
310 GW 10, S. 359
311 GW 10, S. 361
312 GW 8, S. 129
313 GW 8, S. 132
314 GW 8, S. 144 f.
315 GW 8, S. 139
316 GW 8, S. 152
317 Br 1. 10. 36, BA
318 GW 10, S. 364
319 GW 8, S. 155
320 GW 10, S. 364
321 Diese erste Fassung liegt vor in der mustergültigen textkritischen vierbändigen Edition des Bergromans von Frank Kress und Hans Albert Maier (Frankfurt a. M. 1969). Die eigenwillige Textkompilation Felix Stössingers im Rahmen der GW (Bd 4: Der Versuche) ist ebenso problematisch wie der Abdruck des Fragments der 3. Fassung in der TA (Bd 3: Die Verzauberung).
322 GW 8, S. 157
323 Ebenda
324 GW 8, S. 163
325 GW 8, S. 162 f.
326 Br 7. 3. 38, BA
327 Br 16. 3. 52, BA
328 GW 8, S. 244
329 BdR, S. 35
330 Vielleicht das Heitere. Tagebuch aus einem Jahr. München 1968, S. 501
331 GW 8, S. 165
332 GW 8, S. 244
333 GW 8, S. 243 f.
334 Inzwischen veröffentlicht in: Materialien zu Hermann Broch «Der Tod des Vergil». Hg. von P. M. Lützeler. Frankfurt a. M. 1976, S. 23 ff.
335 Ebenda, S. 88 ff.
336 GW 8, S. 244
337 Dok., BA
338 GW 8, S. 163 f.
339 Br 30. 4. 51, BA
340 Br 28. 1. 49, BA
341 GW 8, S. 164
342 Br 30. 4. 51, BA
343 GW 8, S. 168
344 GW 10, S. 370
345 GW 10, S. 378
346 GW 8, S 169
347 Ebenda
348 Siehe TA 11, S. 195 ff.
349 GW 8, S. 169
350 GW 10, S. 372
351 GW 8, S. 170
352 Ebenda
353 Br 4. 2. 42, BA
354 GW 8, S. 170
355 GW 8, S. 171
356 H. S. Untermeyer: Midwife to a Masterpiece, S. 226
357 GW 8, S. 171
358 Ebenda
359 Ebenda
360 GW 8, S. 227
361 GW 8, S. 171
362 Br 18. 12. 44, BA
363 GW 8, S. 364
364 Br 22. 5. 48, BA
365 GW 8, S. 316
366 Dok., DLA
367 Midwife to a Masterpiece, S. 233
368 Ebenda, S. 234
369 Ebenda, S. 247
370 GW 8, S. 174
371 GW 8, S. 176
372 Ebenda
373 Midwife to a Masterpiece, S. 272
374 GW 8, S. 177
375 Br 10. 4. 42, BA
376 Br 16. 1. 42, BA
377 Dok., BA
378 Br 14. 2. 42, BA
379 Br 29. 4. 42, BA
380 GW 8, S. 189
381 GW 6, S. 40
382 Br 21. 6. 43, BA
383 Dok., BA
384 Br 5. 3. 46, BA
385 GW 8, S. 222
386 GW 8, S. 233
387 GW 8, S. 237
388 GW 8, S. 235
389 Ebenda
390 GW 8, S. 234
391 GW 8, S. 346
392 GW 8, S. 259
393 Br 10. 6. 44, BA

394 GW 8, S. 281
395 GW 8, S. 282
396 Ebenda
397 GW 8, S. 280
398 Br 2. 5. 49, BA
399 GW 8, S. 221
400 GW 8, S. 194
401 Dok. BA, inzwischen auch in: TA 4, S. 458
402 GW 8, S. 281
403 Br 21. 9. 43, BA
404 GW 8, S. 182
405 Br 16. 12. 49, BA
406 Br 5. 10. 46, BA
407 GW 8, S. 199
408 Br 4. 8. 46, BA
409 Die Fähre 1/8, 1946, S. 509
410 GW 8, S. 224
411 Br 31. 8. 48, BA
412 Dok., BA
413 GW 8, S. 288
414 Br undat. 9. 48, BA
415 Br 2. 5. 49, BA
416 GW 8, S. 291
417 GW 8, S. 293
418 GW 8, S. 291
419 GW 8, S. 295
420 GW 8, S. 273
421 Br 6. 12. 48, BA
422 Alle Fassungen, auch «Der Turm von Babel», sind inzwischen veröffentlicht in: TA 9/1, S. 111 ff.
423 Br 27. 1. 51, BA
424 Br 2. 5. 49, BA
425 Br 11. 11. 48, BA
426 Br 27. 11. 48, BA
427 Br 15. 12. 49, BA
428 So P. M. Lützeler im Nachwort zu Hannah Arendt/Hermann Broch: Briefwechsel 1946 bis 1951, Frankfurt a. M. 1996, S. 228
429 Br 27. 11. 48, BA
430 GW 8, S. 297
431 GW 8, S. 382
432 GW 8, S. 359
433 GW 8, S. 379
434 GW 8, S. 387
435 Br 8. 5. 49, BA
436 Ebenda
437 GW 8, S. 408
438 GW 8, S. 392
439 Br 7. 5. 50, BA
440 Dok., BA
441 GW 8, S. 268 f.
442 Br 17. 1. 50, BA
443 Br 21. 2. 46, BA
444 GW 8, S. 406
445 Br 8. 2. 50, BA
446 GW 8, S. 291
447 GW 8, S. 339
448 GW 8, S. 348
449 Br 24. 2. 51, BA
450 GW 8, S. 318
451 Br 14. 7. 49, BA
452 GW 8, S. 382
453 Br 4. 2. 50, BA
454 Br 9. 12. 49, BA
455 Br 5. 11. 49, BA
456 Dok., BA
457 GW 8, S. 415
458 Dok., BA. Inzwischen abgedruckt in: TA 5, S. 312 ff.
459 GW 8, S. 380
460 Br 7. 7. 47, BA
461 GW 6, S. 250
462 GW 6, S. 258
463 In: Das Bücherblatt vom 10. 12. 1953
464 GW 9, S. 46
465 Dok, BA. Inzwischen veröffentlicht in: TA 3, S. 383 ff.
466 Br 10. 6. 50, BA
467 Br 16. 6. 49, BA
468 GW 8, S. 391
469 GW 8, S. 408
470 Br 30. 4. 51, BA
471 Br undat., BA
472 Br 12. 7. 50, BA
473 Br 7. 5. 50, BA
474 GW 8, S. 413
475 Br 2. 11. 48, BA
476 GW 8, S. 416
477 Br 3. 7. 49, BA
478 GW 6, S. 317
479 GW 8, S. 421
480 Ebenda
481 Br 15. 6. 47, BA
482 BdR, S. 46
483 Br 11. 11. 50, BA
484 Br 2. 11. 48, BA
485 Br 2. 5. 49, BA

ZEITTAFEL

1886 Hermann Broch wird am 1. November in Wien geboren als erster Sohn des Textilunternehmers Joseph Broch und seiner Frau Johanna, geb. Schnabel. Der Vater stammt aus Proßnitz / Mähren, vierzehnter Sohn einer armen jüdischen Familie, und hat sich aus kleinsten Anfängen hochgearbeitet. Die Mutter stammt aus der Familie eines jüdischen Ledergroßhändlers in Wien. Broch wird nach altjüdischem Ritus getauft.

1889 Geburt des Bruders Friedrich am 17. Dezember.

1892–97 Nach mehrjährigem Privatunterricht wird Broch im Herbst 1892 in die Volksschule des I. Bezirks in Wien eingeschult.

1897–1904 Broch wechselt auf Drängen des Vaters in die K. K. Staats-Realschule über. Besonderes Interesse an naturwissenschaftlichen Fächern. Im September 1904 legt er die Realschul-Matura ab.

1904–06 Studium an der Höheren Lehr- und Versuchsanstalt für Textilindustrie («Wiener Webschule»). Im Wintersemester 1904 / 05 als Gasthörer an der Universität Wien eingeschrieben.

1906–07 Fortsetzung des Studiums der Textiltechnologie an der Oberen Spinn- und Webeschule in Mühlhausen / Elsass. Erfindung einer Baumwollmischmaschine, Patent zusammen mit Heinrich Brüggemann. Im Herbst 1907 Aufbruch zu einer zweimonatigen Geschäftsreise in die Vereinigten Staaten, Kennenlernen der Baumwollproduktion in den Südstaaten, Teilnahme an der «International Cotton Conference» in Atlanta. Ende 1907 Assistenzdirektor in der väterlichen Spinnfabrik in Teesdorf, ohne Gehalt.

1909 Als Einjährig-Freiwilliger zum Militär, zuerst in Wien, dann in Zagreb. Offiziersanwärter, später Leutnant. Abschied aus gesundheitlichen Gründen. Heirat mit Franziska von Rothermann im Dezember 1909. Gasthörer an der Wiener Universität. Erste eigene kunsttheoretische und philosophische Entwürfe.

1910 Geburt des einzigen Sohnes Hermann Friedrich Maria am 4. Oktober.

1912–13 Entstehung der *Cantos 1913*, apokalytpisches Zeitgedicht.

1913 / 14 Aufsätze für den «Brenner».

1914 Seit September im Auftrag des Roten Kreuzes mit der Leitung eines Lazaretts auf dem Gelände der Spinnfabrik Teesdorf beauftragt.

1915 Meldet sich erneut freiwillig, als untauglich zurückgestellt. Leitender Verwaltungsrat der Spinnfabrik Teesdorf.

1917 / 18 Aufsätze für die «Summa» und die «Rettung». Freundschaft mit Franz Blei, lernt Ea von Allesch kennen.

1919–21 Vorstandsmitglied des Fachverbandes der Textilindustrie Österreichs. Im Wintersemester 1919 / 20 Studium an der Technischen Hochschule Wien. Ehrenamtliche Tätigkeiten in seiner Funktion als Unternehmer.

1923 Scheidung von Franziska von Rothermann am 13. April.

1925 / 26 Studium (bis 1930) mit kleiner Matrikel an der Wiener Universität (Mathematik, Physik, Philosophie), Absicht eines Doktorats.

1927 Verkauf der väterlichen Textilfabriken gegen den Widerstand des Vaters. Beginn einer psychoanalytischen Behandlung.

1927–29 Entstehung der ersten Fassung der *Schlafwandler*, die – vor allem im dritten Band – noch ohne die formalen Kühnheiten der endgültigen Fassung sind. Kontakte zum Rhein-Verlag, Freundschaft mit dem Verleger Daniel Brody.

1930–31 Umarbeitung des *Pasenow*, erscheint im Frühjahr 1931. Umarbeitung des *Esch*, der Ende 1931 erscheint.

1932 Umarbeitung und Erscheinen des *Huguenau*. Vortrag *James Joyce und die Gegenwart* an der Wiener Volkshochschule. Umzug nach Gößl am Grundlsee. Entstehung des Dramas *Die Entsühnung*. Arbeit am Filsmannroman.

1933 Entstehung des Romans *Die unbekannte Größe*, der am Jahresende bei S. Fischer erscheint. Entstehung von sechs Tierkreis-Erzählungen, die großenteils in Zeitungen und Zeitschriften erscheinen.

1934 Uraufführung des Dramas *Die Entsühnung* am 15. März in Zürich unter der Regie von Gustav Hartung. Freundschaft mit Elias Canetti. Entstehung von zwei Komödien in Zusammenarbeit mit seinem Sohn. Im Herbst Umzug nach Baden bei Wien (bis Frühjahr 1935).

1935 Umzug nach Laxenburg bei Wien, Gast des Ehepaars Ferand. Nach Zwischenaufenthalten in Wien und München (bei seinem Verleger Daniel Brody), Umzug nach Mösern in Tirol. Arbeit am Bergroman. Gedichte erscheinen in der Sammlung «Patmos».

1936 Abschluss der ersten Fassung des Bergromans, Beginn der Arbeit an der zweiten Fassung, die unabgeschlossen bleibt. Anfang Oktober Umzug nach Altaussee, Gast des Ehepaars Geiringer (bis März 1938).

1937 Familiäre Erbauseinandersetzungen in Wien, Urfassung des *Vergil* entsteht, die Erzählung *Die Heimkehr des Vergil*. Haussprüche in Zusammenarbeit mit Hans Vlasics.

1938 Am 13. März im Auftrag der Nazis in Altaussee verhaftet (bis zum 31. März in Haft), Arbeit im Gefängnis an der dritten Fassung des *Vergil*. Im Juli Visum für England, am 24. Juli Eintreffen in London, Weiterreise nach St. Andrews / Schottland, Gast des Ehepaares Muir, dort bis September. Mit Unterstützung von Thomas Mann und Albert Einstein Visum für die USA, am 9. Oktober Ankunft in New York.

1939 Freundschaft mit Henry Seidel Canby, verbringt einige Wochen in dessen Landhaus in Killingworth, Connecticut. Im Sommer drei Monate Aufenthalt in der Künstlerkolonie Yaddo. Arbeit an der vierten Fassung des *Vergil*, Kennenlernen der späteren *Vergil*-Übersetzerin Jean Starr Untermeyer. Unterstützung durch die American Guild for German Cultural Freedom.

1940 Fertigstellung der vierten Fassung des *Vergil*. Stipendium der Guggenheim-Foundation (bis Mitte 1941) für die Überarbeitung des *Vergil* und des Bergromans.

1941 Aufenthalt in New York City, erneuerte Freundschaft mit Annemarie Meier-Graefe.

1942 Preis von 1000 $ der American Academy of Art and Letters für den *Vergil-Roman*, Stipendium der Rockefeller Foundation (bis Ende 1944) für Weiterarbeit an der Massenpsychologie. Im Juli zieht Broch ins Haus seines Freundes Erich von Kahler in Princeton ein, wo er bis zum Juni 1948 wohnen bleibt. Nachricht vom Tod seiner Mutter im Konzentrationslager Theresienstadt am 28. Dezember.

1944 Broch erwirbt am 27. Januar die amerikanische Staatsbürgerschaft. Ein Darlehen der Independent Aid-Stiftung ermöglicht Drucklegung des *Vergil* im Verlag Pantheon Books von Kurt Wolff in New York.

1945 Erscheinen des *Tod des Vergil* auf Deutsch und Englisch in New York. Honorarvorschüsse der Bollingen Foundation für die Arbeit an der Massenpsychologie.

1947 Arbeit an *Hofmannsthal und seine Zeit* für eine Hofmannsthal-Edition der Bollingen Foundation.

1948 Komplizierter Hüftbruch am 16. Juni, bis zum 6. April 1949 Aufenthalt im Princeton Hospital. Arbeit an der Hofmannsthal-Studie.

1949 Umzug an die Yale University nach New Haven, wohnt für drei Monate im Saybrook College der Universität, vermittelt durch Hermann J. Weigand. Verbindung zum Verlag Alfred A. Knopf. Mitte Dezember Umzug in das Haus 78 Lake Place in New Haven, wo Broch bis zu seinem Tod wohnt. Am 5. Dezember Heirat mit Annemarie Meier-Graefe. Arbeit an den *Schuldlosen*, die im Dezember 1950 in München erscheinen.

1950 «Honorary Lecturer» am German Department der Yale University, ohne Gehalt und Wohnung. Nominierung für den Nobelpreis für Literatur. Einladung zum Beitritt als Korrespondierendes Mitglied in die Deutsche Akademie für Sprache und Dichtung in Darmstadt.

1951 Intensive Arbeit an der dritten Fassung des Bergromans. Broch stirbt an Herzversagen am 30. Mai, kurz vor dem Antritt einer Europareise. Die Urne wird auf einem Dorffriedhof in Killingworth, Connecticut beigesetzt.

1953–61 Die «Gesammelten Werke in zehn Bänden» erscheinen im Rhein-Verlag Zürich.

ZEUGNISSE

Thomas Mann
Er ist ein nobler und fruchtbarer Denker und häufig ein begnadeter Dichter. Seine «Schlafwandler» sind ein bewunderungswürdiges Werk, und ich halte seinen «Vergil» für eines der ungewöhnlichsten und gründlichsten Experimente, das je mit dem flexiblen Medium des Romans unternommen wurde.
Brief an Alvin Johnson, 18. 4. 1951

Hermann Hesse
Ein bedeutender Geist macht [...] den Versuch, die heutige Krankheit unserer Kultur, den Zerfall der Werte, in Symbolen zu zeigen und kritisch zu deuten.
Hermann Brochs «Schlafwandler»

Albert Einstein
Ich bin fasziniert von Ihrem «Vergil». [...] Das Wesentliche bleibt immer mysteriös und wird es immer bleiben, kann nur erfühlt, aber nicht erfaßt werden.
Brief an Broch, undatiert.

Aldous Huxley
Broch, der Romancier, ist völlig zu Haus auf der Spiegeloberfläche und agiert manchmal dort mit unfehlbarer Virtuosität. Es liegt an der doppelten Fähigkeit dieses Autors, seinem Vermögen, gleichzeitig zwei unvereinbare Welten zu zeichnen [...].
Brief an Broch, 21. 9. 1943

Elisabeth Langgässer
Ich habe [...] in dem «Vergil» weitergelesen und von neuem bestätigt gefunden, daß es zur Zeit keine erregendere Lektüre für mich gibt. Nichts ist mir so sehr eine Bestätigung meines eigenen Weges wie dieses Buch.
Brief an Broch, 21. 11. 1948

Hannah Arendt
Der Zeitpunkt, der Broch zum Dichter werden ließ, scheint mit dem letzten Stadium der Verfinsterung in Europa übereinzustimmen. Als die Nacht anbrach, erwachte Broch. Er erwachte zu einer Realität, die ihn so überwältigte, daß er sie unmittelbar in einen Traum übertrug, wie es einem Menschen entspricht, der zur Nachtzeit erwacht.
Not longer not yet

Frank Thieß
Die Kunst, einen naturalistischen Vorgang transparent zu machen, weist Broch neben Kafka und Joyce einen bisher unbetretenen Platz innerhalb des führenden europäischen Schrifttums an.
Dokumente des abendländischen Geistes

Elias Canetti
Auf dieser Höhe steht heute Hermann Broch und so sei denn, um es rundheraus zu sagen, die Behauptung gewagt, daß wir in ihm einen der ganz wenigen repräsentativen Dichter unserer Zeit verehren. [...] Die [...] Eigenschaft, die man von einem repräsentativen Dichter heute verlangen muß, ist der ernste Wille zur Zusammenfassung seiner Zeit, ein Drang zur Universalität, der sich durch keine Einzelaufgabe abschrecken läßt [...] man kann sagen, daß sein [Brochs] dichterischer Wille sich an der Forderung nach Universalität recht eigentlich entzündet hat.
Hermann Broch. Rede zu seinem 50. Geburtstag

Friedrich Torberg
[...] durch all diese Werke, so unterschiedlich sie nach Herkunft, Motiv und Struktur auch sein mögen, zieht sich wie das Geäder eines Marmorsteins die weit ausgezweigte Moralität einer Wahrheits- und Wertsuche, einer ethischen Unbedingtheit, die im zeitgenössischen Schrifttum

kaum ihresgleichen hat und die sich höchstens noch bei Kafka in Symbolen und Parabeln zu äußern wagt.
Broch oder Die Redlichkeit

Milan Kundera
Was Broch in der Kunst verachtet, ist die Schönheit *außerhalb des Erkenntnisaktes.* [...] Für seine Werke hat er oft die Begriffe «erkenntnistheoretischer» oder «polyhistorischer» Roman verwandt. Der Roman ist für ihn allererst ein Erkenntnisakt. Den Begriff «polyhistorisch» verstand Broch dabei nicht im Sinn eines Balzac oder Zola: die gesellschaftliche Totalität zu erfassen. Das Unternehmen von Joyce war ihm gewiß näher: die Totalität aller Techniken und Stile des Romans zur Anwendung zu bringen. Aber sein Programm sah noch anders aus. Ich würde es so formulieren: Weder die Dichtung noch die Philosophie noch die Humanwissenschaften sind in der Lage, den Roman zu integrieren, wohl aber ist der Roman imstande, die Dichtung, die Philosophie und die Humanwissenschaften zu integrieren. Im Roman liegt die Chance einer übergeordneten *intellektuellen Synthese.* Nie vor den «Schlafwandlern» [...] hat sich der Roman mit einer solchen Ambition befrachtet, nie hat er einen solchen Platz innerhalb der Kultur beansprucht.
Das Vermächtnis von Brochs «Schlafwandlern»

Bibliographie

1. Bibliographien

Jonas, Klaus W.: Bibliographie Hermann Broch (1913–1970). In: Hermann Broch – Daniel Brody Briefwechsel 1930–1951. Hg. von B. Hack u. M. Kleiss. Frankfurt a. M. 1971

Sammons, Christa: Hermann Broch Archive – Yale University Library. In: Modern Austrian Literature 5 (1972), Nr. 3/4, S. 18–69 (Bibliographie)

Dahl, Sverre: Hermann-Broch-Bibliographie in Norwegen. In: R. Thieberger, 1980, S. 194

Flesch, Yvon: Bibliographie der französischen Broch-Forschung. In: R. Thieberger, 1980, S. 188–193

Watt, Roderick H.: Bibliographie der britischen Broch-Forschung 1945–1978, In: R. Thieberger, 1980, S. 184–187

Jonas, Klaus W.: Bibliographie der Sekundärliteratur zu Hermann Broch 1971–1984. In: Hermann Broch. Hg. von P. M. Lützeler. Frankfurt a. M. 1986, S. 333–357

2. Werke

Aus Platzgründen werden im Folgenden nur die beiden Werkausgaben, aber nicht die Einzelausgaben Brochs erfasst, die bibliographisch (siehe oben) alle belegt sind. Ausgenommen ist nur die historisch-kritische Ausgabe des Bergromans.

a) Gesamtausgabe des Rhein-Verlags

GW 1: Gedichte. Hg. u. eingel. von Erich Kahler. Zürich 1953

GW 2: Die Schlafwandler. Zürich 1952

GW 3: Der Tod des Vergil. Zürich 1952

GW 4: Der Versucher (Bergroman). Aus dem Nachlass mit einem erläuternden Nachwort. Hg. von Felix Stössinger. Zürich 1953

GW 5: Die Schuldlosen. Eingel. von Hermann J. Weigand. Zürich 1954

GW 6: Dichten und Erkennen. Essays I. Hg. u. eingel. von Hannah Arendt. Zürich 1955

GW 7: Erkennen und Handeln. Essays II. Hg. von Hannah Arendt. Zürich 1955

GW 8: Briefe. Hg. u. eingel. von Robert Pick. Zürich 1957

GW 9: Massenpsychologie (Schriften aus dem Nachlass). Hg. u. eingel. von Wolfgang Rothe. Zürich 1959

GW 10: Die unbekannte Größe. Und frühe Schriften. Mit den Briefen an Willa Muir. Hg. u. eingel. von Ernst Schönwiese u. Eric W. Herd. Zürich 1961

b) Historisch-kritische Ausgabe des Bergromans

Kress, Frank / Maier, Hans Albert (Hg.): Hermann Broch: Bergroman. Die drei Originalfassungen. 4 Bde. Frankfurt a. M. 1969

c) Taschenbuch-Ausgabe des Suhrkamp Verlags, hg. von P. M. Lützeler

T 1: Die Schlafwandler. Eine Romantrilogie. Frankfurt a. M. 1978 (st 472)

TA 2: Die Unbekannte Größe. Frankfurt a. M. 1977 (st 393)

TA 3: Die Verzauberung. Frankfurt a. M. 1969 (st 350)

TA 4: Der Tod des Vergil. Frankfurt a. M. 1976 (st 296)

TA 5: Die Schuldlosen. Roman in elf Erzählungen. Frankfurt a. M. 1977 (st 209)

TA 6: Novellen, Prosa, Fragmente. Frankfurt a. M. 1980 (st 621)
TA 7: Dramen. Frankfurt a. M. 1979 (st 538)
TA 8: Gedichte. Frankfurt a. M. 1980 (st 572)
TA 9/1: Schriften zur Literatur 1. Kritik. Frankfurt a. M. 1975 (st 246)
TA 9/2: Schriften zur Literatur 2. Theorie. Frankfurt a. M. 1981 (st 247)
TA 10/1: Philosophische Schriften 1. Kritik. Frankfurt a. M. 1977 (st 375)
TA 10/2: Philosophische Schriften 2. Theorie. Frankfurt a. M. 1977 (st 376)
TA 11: Politische Schriften. Frankfurt a. M. 1978 (st 445)
TA 12: Massenwahntheorie. Beiträge zu einer Psychologie der Politik. Frankfurt a. M. 1979 (st 502)
TA 13/1: Briefe I (1913–1938). Frankfurt a. M. 1981 (st 710)
TA 13/2: Briefe II (1938–1945). Frankfurt a. M. 1981 (st 711)
TA 13/3: Briefe III (1945–1951). Frankfurt a. M. 1981 (st 712)

3. Lebenszeugnisse und Biographie

Arendt, Hannah / Broch, Hermann: Briefwechsel 1946 bis 1951. Frankfurt a. M. 1996
Berlin, Jeffrey B.: Der unveröffentlichte Briefwechsel zwischen Antoinette von Kahler und Hermann Broch unter Berücksichtigung einiger unveröffentlichter Briefe von Richard Beer-Hofmann, Albert Einstein u. Thomas Mann. In: Modern Austrian Literature 27 (1994), Nr. 2, S. 39–76
Broch, Hermann: Briefe über Deutschland 1945–1949. Die Korrespondenz mit Volkmar von Zühlsdorff. Frankfurt a. M. 1986
–: Das Teesdorfer Tagebuch für Ea von Allesch. Frankfurt a. M. 1995
Brokoph-Mauch, Gudrun: Robert Musils und Hermann Brochs persönliches Verhältnis in ihrem Briefwechsel. In: Genauigkeit und Seele. Zur österreichischen Literatur seit dem Fin de siècle. Internationales Robert-Musil-Sommerseminar 1987 und 1988. Hg. von Josef Strutz, Endre Kiss. München 1990, S. 67–82
Durzak, Manfred: Hermann Broch und Frank Thieß: Aus unveröffentlichten Briefen. In: Literatur und Kritik 6 (1971), Nr. 54/55, S. 253–261
Ebner, Jeannie: Hermann Broch und Georg Saiko. In: Literatur und Kritik 6 (1971), Nr. 54/55, S. 262–270
Göpfert, Herbert G.: Zum Briefwechsel zwischen Hermann Broch und Daniel Brody. In: Vom Autor zum Leser. Beiträge zur Geschichte des Buchwesens. München, Wien 1977, S. 192–202, 231
Hack, Bertold: Auf den Spuren von Georg Heinrich Meyer. Problem eines Porträts nebst Quellentexten und einem unveröffentlichten Brief von Hermann Broch. In: Börsenblatt für den Deutschen Buchhandel 24 (1968), Nr. 52, S. 1558–1567
–/Kleiss, Marietta: Hermann Broch / Daniel Brody: Briefwechsel 1930–1951. Mit einer Vorbemerkung von Herbert G. Göpfert und einer Broch-Bibliographie von Klaus W. Jonas. Frankfurt a. M. 1971
Huberman, Elizabeth: The Broch / Muir Correspondence: Teaching Each Other. In: Modern Austrian Literature 22 (1989), Nr. 2, S. 45–57
Lützeler, Paul Michael: Hermann Broch. Eine Biographie. Frankfurt a. M. 1985
Mack, Karin / Hofer, Wolfgang: Spiegelungen. Denkbilder zur Biographie Brochs. Hg. von Karin Mack (Bild) u. Wolfgang Hofer (Text). Wien 1984
Roethke, Gisela: Hermann Broch und Aldous Huxley. Eine Korrespon-

denz und ihre Folgen. In: Modern Austrian Literature 26 (1993), Nr. 1, S. 75–86
Untermeyer, Jean Starr: Midwife to a Masterpiece. In: Dies.: Private Collection. New York 1965, S. 218–272
Wrede-Bouvier, Beatrix: Hermann Broch zu Nachkriegsdeutschland: Briefwechsel mit Volkmar von Zühlsdorff. In: Literatur und Kritik 6 (1971), Nr. 54/55, S. 214–217

4. Überblicke

Im Folgenden werden aus Platzgründen nur Buchveröffentlichungen bzw. Dissertationen der Broch-Forschung erfasst.

Aman, Klaus / Grothe, Helmut: Die «Wiener Bibliothek» Hermann Brochs. Kommentiertes Verzeichnis des Bestandes. Wien, Köln 1990
Durzak, Manfred: Hermann Broch. Stuttgart 1967
–: Hermann Broch. Der Dichter und seine Zeit. Stuttgart 1968
–: Hermann Broch. Dichtung und Erkenntnis. Studien zum dichterischen Werk. Stuttgart 1978
Freese, Wolfgang / Menges, Karl: Broch-Forschung: Überlegungen zur Methode und Problematik eines literarischen Rezeptionsvorgangs. München / Salzburg 1977
Koebner, Thomas: Hermann Broch. Bern, München 1965
Koester, Rudolf: Hermann Broch. Berlin 1987
Ritzer, Monika: Hermann Broch und die Kulturkrise des 20. Jahrhunderts. Stuttgart 1988
Schlant, Ernestine: Hermann Broch. Boston 1978
Strelka, Joseph: Auf der Suche nach dem verlorenen Selbst. Zu deutscher Erzählprosa des 20. Jahrhunderts. Bern 1977
– (Hg.): Broch heute. Bern, München 1978

5. Einzeluntersuchungen

Dahl, Sverre: Relativität und Absolutheit. Studien zur Geschichtsphilosophie Hermann Brochs (bis 1932). Bern, Frankfurt a. M. 1980
Dowden, Stephen D.: Sympathy for the Abyss. A Study in the Novel of German Modernism: Kafka, Broch, Musil and Thomas Mann. Tübingen 1986
Dörwald, Uwe: Über das Ethische bei Hermann Broch. Kritische Historiographie zur ethischen Intention und ihrer Funktion bei Hermann Broch. Frankfurt a. M., Berlin, Bern 1994
Faber, Richard: Erbschaft seiner Zeit. Zu Ernst Bloch und Hermann Broch. Würzburg 1989
Grabowsky-Hotamanidis, Anja: Zur Bedeutung mystischer Denktraditionen im Werk von Hermann Broch. Tübingen 1995
Hargrave John A.: Music in the Writings of Hermann Broch. Diss., Yale University 1993
Kiss, Endre: Hermann Broch. Denken und Dichten des negativen Universalismus. Wien 2001
Klinger, Monika: Hermann Broch und die Demokratie. Berlin 1994
Klotz, Christian: Realitätsvokabel und Rollendasein. Studien zur sozialpsychologischen Dimension in Hermann Brochs Frühwerk. Frankfurt a. M., Bern 1979
Krapoth, H.: Dichtung und Philosophie. Studie zum Werk Hermann Brochs. Bonn 1970
Kum, Kijeong: Das Schuldproblem des Menschen in der deutschen Literatur des 20. Jahrhunderts. Eine vergleichende Untersuchung am Beispiel von Romanen Franz Kafkas, Hermann Brochs und Thomas Manns. Würzburg 1995
Lange, Manfred: Die Liebe in Hermann Brochs Romanen: Untersuchungen zum epischen Werk des Dichters. Regensburg 1966

Menges, Karl: Kritische Studie zur Wertphilosophie Hermann Brochs. Tübingen 1970
Mersch, Andreas: Ästhetik, Ethik und Religion bei Hermann Broch. Mit einer theologisch-ethischen Interpretation seines Bergromans. Frankfurt a. M., Bern 1989
Raepke, Frank Werner: Auf Liebe und Tod. Symbolische Mythologie bei Robert Müller, Hermann Broch, Robert Musil. Münster 1994
Ritzler, Monika: Hermann Broch und die Kulturkrise im frühen 20. Jahrhundert. Stuttgart 1988
Roethke, Gisela: Zur Symbolik in Hermann Brochs Werken. Platons Höhlengleichnis als Subtext. Tübingen 1992
Sandberg, Glenn R.: The Genealogy of the «Massenführer». Hermann Brochs «Die Verzauberung» as a Religious Novel. Heidelberg 1997
Schiavoni, Giulio: Broch. Florenz 1976
Schlant, Ernestine: Die Philosophie Hermann Brochs. Bern 1971
–: Hermann Broch. Chicago 1986
Schmid-Bortenschlager, Sigrid: Dynamik und Stagnation. Hermann Brochs ästhetische Ordnung des politischen Chaos. Stuttgart 1980
Simpson, Malcolm R.: The Novels of Hermann Broch. Bern, Frankfurt a. M. 1977
Somm, Walter: Hermann Broch. Geist, Prophetie und Mystik. Freiburg/Schweiz 1965
Steinecke, Hartmut: Hermann Broch und der polyhistorische Roman. Studien zur Theorie und Technik eines Romantyps der Moderne. Bonn 1968
Széll, Zsuzsa: Ichverlust und Scheingemeinschaft: Gesellschaftsbild in den Romanen von Franz Kafka, Robert Musil, Hermann Broch, Elias Canetti und George Saiko. Budapest 1979
Waldeck, Peter B.: Die Kindheitsproblematik bei Hermann Broch. München 1968
Walther, Barbara E.: Hermann Brochs Autonomie- und Einsamkeitsproblematik. Bonn 1980
Weigel, Robert G.: Zur geistigen Einheit von Hermann Brochs Werk. Massenpsychologie. Politologie. Romane. Tübingen, Basel 1994
Ziolkowski, Theodore: Hermann Broch. New York 1964

6. Aufsatzsammlungen

Bernáth, Arpád/Kessler, Michael, Kiss, Endre (Hg.): Hermann Broch. Perspektiven interdisziplinärer Forschung. Tübingen 1998
Dowden, Stephen D. (Hg.): Hermann Broch. Literature, Philosophy, Politics. The Yale Broch Symposium 1986. Columbia, SC 1988
Durzak, Manfred (Hg.): Hermann Broch. Perspektiven der Forschung. München 1972
Kessler, Michael, Lützeler, P. M. (Hg.): Hermann Broch. Das dichterische Werk. Neue Interpretationen. Akten des internationalen, interdisziplinären Hermann-Broch-Symposiums 30. Oktober – 2. November 1986. Tübingen 1987
–: Brochs theoretisches Werk. Frankfurt a. M. 1988
Lützeler, P. M. (Hg.): Hermann Broch. Materialien. Frankfurt a. M. 1986
Modern Austrian Literature 13 (1980), Nr. 4 (Special issue: Hermann Broch)
Petrasch, Wilhelm, Patillo-Hess, John (Hg.): Hermann Broch oder die Angst vor der Anarchie. Wien 1993
Steinecke, Hartmut/Strelka, Joseph (Hg.): Romanstruktur und Menschenrecht bei Hermann Broch. Bern 1990

7. Zur Wirkung

Kiss, Endre (Hg.): Hermann Broch. Werk und Wirkung. Bonn 1985
Strelka, Joseph (Hg.): Broch heute. Bern 1978
Trommler, Frank: Roman und Wirklichkeit. Eine Ortsbestimmung an Beispielen von Musil, Broch, Roth, Doderer und Gütersloh. Stuttgart 1966

Die in die Hunderte gehenden Aufsätze, Einzelstudien und Dissertationen, die sich mit den unterschiedlichsten Aspekten von Brochs Werk beschäftigen, können hier nicht im Einzelnen dokumentiert werden. Hierzu sei auf die einschlägigen Bibliographien verwiesen.

Namenregister

Die kursiv gesetzten Zahlen bezeichnen die Abbildungen

Über den Autor

Promotion zum Dr. phil. (bei Wilhelm Emrich), Freie Universität Berlin 1963. Dissertation: «Der junge Stefan George. Kunsttheorie und Dichtung». Seit 1972 als Full Professor of German Literature an amerikanischen und kanadischen Universitäten tätig. 1980/81 Habilitation (Venia legendi in Neue deutsche Literatur und Vergleichende Literaturwissenschaft) bei Helmut Kreuzer und Walter Hinck. Habilitationsschrift: «Die deutsche Kurzgeschichte der Gegenwart». Seit 1984 als ordentlicher Professor für Neuere deutsche Literatur an der Universität Paderborn tätig. Zahlreiche Gastprofessuren in den USA, Australien und der Türkei.
Zahlreiche Veröffentlichungen zu Hermann Broch, zum Roman der Gegenwart und zur Literatur des Expressionismus.

Quellennachweis der Abbildungen

Schiller-Nationalmuseum und Deutsches Literaturarchiv, Marbach: Umschlagvorderseite, 166, Umschlagrückseite oben
Erich von Kahler: 3, 67, 106, 113, 121, 127, 129, 137, 147, 160
The Beinecke Rare Book and Manuscript Library, Broch-Archiv, Yale: 7, 22, 23, 26, 39, 103, 114, 149
dpa Bildarchiv, Hamburg: 11, 90
Helga Blau-Malenberg: 17
Österreichische Nationalbibliothek, Wien: 24
Manfred Durzak: 33, 37, 120, 145
Hermann Broch de Rothermann: 34, 40, 42, 44, 48, 143, 162, Umschlagrückseite unten
ullstein bild, Berlin: 36, 61, 95
Historisches Museum der Stadt Wien: 51
Rowohlt Pressearchiv: 82 (© George Cserna, New York), 99
Stiftung Studienbibliothek Zürich: 93
Ny Carlsberg Glyptotek Kopenhagen: 131
Foto: Fred Stein: 133
Archiv Klaus Wagenbach, Berlin: 138, 139
Thomas Mann Archiv Zürich / Keystone: 159

Literatur

rowohlts monographien
Begründet von Kurt Kusenberg, herausgegeben von Wolfgang Müller und Uwe Naumann.

Alfred Andersch
dargestellt von
Bernhard Jendricke
(50395)

Lou Andreas-Salomé
dargestellt von Linde Salber
(50463)

Bettine von Arnim
dargestellt von
Helmut Hirsch
(50369)

Jane Austen
dargestellt von
Wolfgang Martynkewicz
(50528)

Simone de Beauvoir
dargestellt von
Christiane Zehl Romero
(50260)

Wolfgang Borchert
dargestellt von
Peter Rühmkorf
(50058)

Albert Camus
dargestellt von
Brigitte Sändig
(50635)

Raymond Chandler
dargestellt von
Thomas Degering
(50377)

Joseph von Eichendorff
dargstellt von
Hermann Korte
(50568)

rowohlts monographien

Theodor Fontane
dargestellt von
Helmuth Nürnberger
(50145)

Frauen um Goethe
dargestellt von Astrid Seele
(50636)

Ernest Hemingway
dargestellt von
Hans-Peter Rodenberg
(50626)

Henrik Ibsen
dargestellt von
Gerd E. Rieger
(50295)

James Joyce
dargestellt von Jean Paris
(50040)

Ein Gesamtverzeichnis der Reihe *rowohlts monographien* finden Sie in der *Rowohlt Revue*. Vierteljährlich neu. Kostenlos in Ihrer Buchhandlung.
Rowohlt im Internet:
www.rowohlt.de

4505/11